하마터면

행복을 모르고
죽을 뻔했다

하마터면

행복을 모르고
죽을 뻔했다

바바라 버거 지음 • 강주헌 옮김

바바라 버거의
행복 결정판

나무생각

　　　　　　　　　이 책은 고통에서 벗어날 방법
을 찾아내려고 꾸준히 노력해온 내 삶의 경험을 바탕으로
쓰인 것이다. 고통에서 해방되는 치유의 길을 찾아내려고
나는 정신적으로나 육체적으로, 또 형이상학적으로나 심리
적으로 다양한 방법을 시도해보았다. 이런 시도의 동기는
언제나 하나, 고통의 원인을 이해하는 것이었다. 그래야 나
를 비롯해 모두가 실천에 옮기며 극적인 효과를 누릴 수 있
는 방법, 즉 고통에서 벗어나는 효과적인 방법을 찾아낼 수
있을 것이라 생각했기 때문이다.

　나는 1960년대 말과 1970년대 초부터 이 연구를 시작했
다. 당시 나는 음식이 정신과 육체의 건강에 미치는 역할에

대해 관심이 많았다. 음식과 건강한 삶에 집중하는 것만으로는 진정한 행복을 보장받기 힘들다는 걸 깨닫고 나는 심리학을 공부하기 시작했다. 하지만 내가 찾으려는 답은 심리학에서도 얻을 수 없었다. 그래도 연구를 계속했고, 연구의 범위도 크게 넓혔다. 그래서 마음의 과학과 의식의 본질. 형이상학을 공부하기 시작했고, 결국에는 전통적인 영성까지 공부했다.

나는 이런 연구 과정을 기록하고, 그 과정에서 내가 알아낸 깨달음과 기법을 세상 사람들에게 알리기 위해 지금까지 많은 책을 발표했다. 고맙게도 세계 전역의 많은 독자가 내 책으로 큰 도움을 받았다는 격려의 편지를 끊임없이 보내주었다.

이 책에서는 건강한 정신건강의 원리에 대해 내가 알아낸 것을 소개해보려 한다. 여기에서 제시하는 자료들은 환자를 상담하는 과정에서 얻은 깨달음과 개인적인 내적 투쟁을 근거로 한 것이다.

고통을 벗어나기 위한 방법을 찾는 과정에서 내가 깨달은 것이 있다면, 영적 접근법이나 심리 치료법이나 모두 강점과 약점이 있다는 것이다.

내가 지금까지 깨달은 결과를 요약하면 다음과 같다. 전통적인 영적 가르침을 따르는 사람들을 먼저 살펴보자. 그들은 과거의 지혜를 받아들이며, 명상 같은 영성 훈련을 매일 시행한다. 따라서 실재의 본질을 이해하고 의식수준을 높이는 큰 변화를 이루어낸다. 하지만 이런 영적인 성장에도 불구하고 많은 사람이 일상의 삶에서 부딪치는 문제를 해결하는 데 여전히 어려움을 겪으며 건강을 해치는 경우가 비일비재하다. 그 이유가 무엇일까? 한계를 설정하고, 능숙하게 소통하며 자신의 뜻으로 확고하게 내세우는 법, 간단히 말하면 인간관계와 관련된 기본적인 능력을 터득하지 못하기 때문이다. 한편 가정과 일터 등 일상의 삶에서 부딪치는 문제와 고통을 해소하기 위해서 심리 치료법을 선택하는 사람들이 있다. 이런 사람들은 일상생활의 문제를 해결하는 데는 큰 발전을 이루지만, 고통에서 완전히 벗어나는 진정한 만족감이나 방법을 얻지는 못한다. 심리 치료가 삶의 존재론적인 본질을 고려하고 다루지는 않기 때문이다. 요컨대 심리 치료적인 해법은 단기적으로 효과가 있을 수 있지만, 존재의 본질과 영원한 진리를 제대로 이해하지 못하기 때문에, 우리가 삶에서 부딪치는 근원적인 문제에는 장기적으로 만족스런 해결책을 제시할 수 없다. 따라서 심리 치료법으로는 고통에서 해방되기 힘들다.

내 개인적인 경험에 따르면, 위에서 언급한 두 가지 접근법, 구체적으로 말하면 영적이고 형이상학적인 접근법과 심리 치료법을 적절하게 결합할 때 삶의 문제들로부터 해방될 수 있다.

내가 지금까지 발표한 책들에서 마음의 작동 원리와 현실의 본질Nature of Reality이 무엇인지를 살펴보려고 영적이고 형이상학적인 접근법을 주로 다루었다면, 이번 책은 삶에서 흔히 부딪치는 문제들을 심리 요법이란 관점에서 해결해보려는 시도다. 하지만 마음의 본질에 대한 이해를 바탕으로 한 심리 요법이기 때문에 이 책에서도 형이상적인 개념이 언급된다. 우리가 어떤 사건을 어떠어떠한 식으로 경험할 수밖에 없는 이유를 이해하려면 마음의 본질을 먼저 이해해야 하기 때문이다. 이처럼 마음의 본질에 대한 이해가 밑바탕에 있기 때문에 이 책에서 제시되는 심리적 관찰들이 정확하고 믿을 만하다고 자신있게 말할 수 있다. 마음의 본질에 대한 이해가 없다면, 심리적 관찰이나 도구는 상대성을 띠기 십상이다. 개인의 심리 문제를 진정으로 해결하려면 마음이 어떻게 작동하는지에 대한 이해, 또 현실의 본질에 대한 이해가 뒷받침되어야 한다.

이런 이유에서 나는 현실의 본질에 대한 영적이고 형이상학적인 이해를 바탕으로 한 심리학적인 도구들을 소개해보려 한다. 현실의 본질에 대한 이해를 강조하는 이유가 무엇일까? 앞에서도 말했듯이, 마음이 어떻게 작동되는지에 대한 깊은 이해, 결국 의식에 대한 이해 없이는 건전한 정신 건강과 마음의 평화를 구할 수 없다고 믿기 때문이다. 따라서 현실의 본질과 마음의 작동 원리에 대해 깊이 알고 싶거나 관심이 있다면 내가 발표한 《행복은 깨어 있는 사람에게 허락된다》를 비롯해 과거에 발표한 책들을 읽어보기 바란다. 이 책에서 소개되는 실질적인 심리적 도구와 기법을 이해하는 데 많은 도움이 될 것이다.

이 책을 읽는 방법에는 두 가지가 있다. 하나는 처음부터 끝까지 순서대로 읽는 방법이다. 당연한 말이겠지만 책의 내용이 일정한 흐름을 따라 쓰였고 배치되었기 때문이다. 다른 하나는 눈에 띄는 소제목을 찾아 읽는 방법이다. 나는 어떤 식으로도 읽히도록 이 책을 짜맞추었다. 이런 맥락에서, 건전한 정신 건강을 증진하고 고통으로부터 해방되는 과정은 영적이고 심리적인 과정이 함께 이루어져야 한다는 점을 이해하는 게 중요하다. 하루아침에 완성되는 것이 아니라, 점진적인 자각이고 깨달음이며, 더 심원한 통찰로 유도하는 각성이기도 하다. 이런 이유에서 몇몇 꼭지는 동일한 주제를 다루고, 심지어 얼핏 보면 내용마저 비슷해 보일 수 있다. 하지만 앞에서도 말했듯이, 통찰은 꼬리를 물고 이어지는 법이기 때문에 의도적으로 그렇게 배치해둔 것이다. 예컨대 똑같은 글을 읽고도 앞에서는 아무런 느낌이 없었지만 뒤에서 다시 읽을 때는 갑자기 뭔가를 깨닫는 경우가 있다. 이 과정이 직선적으로 진행되지는 않는다. 따라서 동일한 글을 다른 관점에서, 그러나 상호보완적인 관점에서 접근하면 통찰이란 과정을 자극하는 데 도움이 된다.

이 책이 이런 식으로 짜 맞추어진 또 하나의 이유는, 우리가 성장하는 과정에서 진실이라고 배웠던 것과 비교하면 이 책에서 진실이라고 제시하는 내용이 때로는 상당히 급진적이기 때문이다. 내가 진실이라고 제시하는 내용이 당신에게 급진적이라 느껴지는 이유는 도발적이어서 저항감을 불러일으키기 때문일 것이고, 저항감을 불러일으키는 이유는 당신의 신념체계에 어긋나기 때문일 것이다. 따라서 순환적으로 짜인 이 책의 구성이 이런 내적인 저항감을 극복하는 데 도움을 줄 수 있을 것이다.

진실을 이해해서 완전히 자신의 것으로 소화하는 과정은 비선형적인 과정이기 때문에 순환적인 구성에서 효과를 기대할 수 있는 것이다. 이 과정은 직선으로 이루어지는 게 아니다. 어떤 책을 선택해서 처음부터 끝까지 차근차근 읽어가며, 안에 담긴 내용을 이해한다고 삶에 곧장 적용되는 것은 아니다. 어떤 내용도 그런 식으로 우리 몸에 익혀지지는 않는다. 끊임없이 씹고 또 씹어야 하며, 그 내용에 대해 끝없이 생각하고 묵상해야 한다. 그런 후에 삶에 적용해보려 시도해야 한다. 이 과정에서도 다시 읽어야 하고, 다시 깊이 생각해야 한다. 그래야 그 일부라도 당신의 것으로 만들 수 있다. 그것도 천천히, 느릿하게. 물론 그 후에도 다시 읽어야 한다. 책을 다시 읽을 때마다 더 많은 부분을 당신의 것으로 만들어갈 수 있다. 물론 이미 알고 있었지만 잊었던 것까지 되살려낼 수 있다. 그러다 보면 갑자기 깨달음의 희열이 온몸에 밀려온다. 지금까지 앞을 가리던 안개가 깨끗이 걷힌 기분일 것이다. "와, 바로 그거였어!" 이런 환희에 젖을 것이다. 따라서 자주 뒤돌아보는 걸 두렵게 생각해서는 안 된다. 더 많은 것을 얻게 될 것이다. 놀랍겠지만, 진실은 이런 식으로 작동한다. 진실은 우리에게 이런 식으로 영향을 미친다. 진실은 이런 식으로 우리를 해방시킨다. 할렐루야!

즐겁게 읽기 바란다.

덴마크 코펜하겐에서

01 ——————————— 08

나는 내가 믿고 있는 대로
살고 있다

생각과 마음은
어떻게 만들어질까?

당신 자신을 지키고 행복한 삶을 사는 법을 배우고 싶다면, 기본부터 시작하는 것이 중요하다. 요컨대 마음의 기본적인 메커니즘을 알아야 한다. 당신이 삶의 경험을 어떻게 받아들이며, 당신이 행복한지 아닌지를 결정하는 것이 결국에는 마음가짐이기 때문이다.

그럼 마음의 기본적인 메커니즘이 무엇일까? 기본적인 메커니즘은 아주 간단하다. 생각이 의식이란 차원에서 생겨나면, 당신은 자신이 무엇을 생각하는지 알게 되고, 결국 그 무엇을 경험하게 된다. 정말 간단하지 않은가?

그런데 우리가 현실 자체를 직접적으로 경험하는 경우는 무척 드물거나 아예 없다. 우리는 코앞에서 일어나는 현상에 대한 우리 자신의 해석을 경험하는 것일 뿐이다.

따라서 다음과 같은 '삶의 대법칙'을 가정할 수 있다.

생각은 원인이고, 현실에 대한 우리 경험은 결과다.

우리의 사고방식, 즉 우리가 습관적으로 생각하는 태도가 삶의 경험을 받아들이는 방향을 결정한다는 뜻이다. 달리 말하면, 현실(또는 삶이라 불리는 것)을 어떻게 경험하느냐는 우리가 현실이나 삶을 어떻게 생각하느냐에 따라 달라진다. 요컨대 현실 자체를 직접적으로 경험하는 것이 아니다.

이는 누구에게나 적용되는 보편적인 법칙이다. 당신의 지위나 신분과는 아무런 관계가 없다. 연령이나 재산의 규모에 상관없이 누구에게나 똑같이 적용되는 법칙이다. 이 법칙은 모두에게 예외없이 적용된다. 그래서 '법칙'인 것이다.

이 법칙에 담긴 뜻을 풀어보면, "우리는 생각하는 대로 경험하게 된다."

따라서 뭔가가 대단하다고 생각하면 대단한 것을 경험하게 되고, 뭔가가 끔찍하다고 생각하면 끔찍한 것을 경험하게 된다. 다른 반응은 일어나지 않는다. 현실은 눈앞에 실제로 존재하는 것이다. 삶은 우리 눈앞에 존재하는 것이다. 그러나 정작 **우리가 경험하는 것은 삶 자체가 아니라, 삶에 대한 우리의 해석이다.**

이 말에 당신은 "설마, 그럴까? 모두가 이러이러한 것은 끔찍하다고 해석할 수 있잖아. 그런 해석이 내 사고방식하고는 아무런 관계도 없어!"라고 반응할지도 모르겠다. 하지만 주변을 더 면밀하게 살펴보고, 당신 해석이 정말로 맞는지 곰곰이 따져보라. 자세히 관찰하면, 태양 아래의 모든 것이 많은 사람의 관점에 따라 무수히 다른 방식으로 해석된다는 걸 확인할 수 있을 것이다. 달리 말하면, 하나의 사건이 사람에 따라 다른 식으로 경험된다는 뜻이다. 이런 관계는 우리 건강과 재정상태 및 대인관계에도 적용된다. 내 건강에는 도움이 되는 것이 다른 사람의 건강에는 해로울 수 있다. 나에게는 많은 돈이 다른 사람에게는 푼돈일 수 있다. 어떤 사람의 대인관계에서는 중대한 문제가 다른 사람에게는 전혀 중요하지 않을 수 있다. 어떤 사람에게는 차별적으로 느껴지는 언동이 다른 사람에게는 전혀 그렇게 느껴지지 않을 수 있다. 직장에서도 마찬가지다. 어떤 직원은 마감 시간을 코앞에 둔 프로젝트를 진행하며 스트레스를 견디지 못하지만 어떤 직원은 그런 프로젝트를 흥미진진하게 받아들인다. 어떤 직원은 야간 근무를 싫어하며 빨리 퇴근해서 가족의 품에 돌아가고 싶어 하지만, 어떤 직원은 집에 일찍 들어가는 걸 특별히 좋아하지 않아 밤늦게까지 일하는 걸 좋아할 수 있다.

따라서 우리 경험은 항상 전적으로 주관적이다. 항상! 더 구체적으로 말하면, 우리가 무엇이 좋은 것이고 무엇이 나쁜 것인지 판단하느냐에 따라 우리 경험이 달라진다. 요컨대 우리 성향에 따라 어떤 사건을 어떻게 경험하느냐가 달라진다. 모두가 동의하는 선악의 객관적이고 중립적인 기준은 없다. 모든 것이 당사자의 관점과 신념에 따라 달라진다. 그럼 우리 관점은 어떻게 형성되는 것일까? 문화와 종교, 배경, 성별 등 무수한 요인에 의해 결정된다. 한마디로 우리가 어떻게 프로그램되었는가에 따라 우리 관점이 결정된다.

그런데 관점도 시간의 흐름에 따라 변할 수 있다. 우리가 성숙해지고 한층 어른스러워져서 세상을 다른 관점에서 보게 되면, 과거에는 '나쁜 것'으로 인식하며 경험했던 것이 '좋은 것'으로 여겨질 수 있다. 이런 이유에서 "불행을 가장한 축복"a blessing in disguise이란 말이 생긴 게 아니겠는가!

이쯤에서 신중하고 정직하게 우리 자신을 돌이켜보면, 어떤 상황에서나, 또 모든 상황에서 우리가 세상을 살아오면서 구축한 믿음과 생각을 기준으로 반응한다는 사실을 깨닫게 될 것이다. 이런 점에서는 당신과 나, 우리 모두가 똑같다.

따라서 어떤 상황에서나 기본적인 메커니즘은 "생각이 원인이고 경험은 결과이다"라는 결론이 내려진다. 이 메커니즘은 누구에게나 언제나 예외없이 적용되는 원칙이다.

이번에는 다시 주변을 둘러보며, 세상이 돌아가는 속도를 약간 늦추어보자. 그러고는 자신을 조심스레 관찰해보자. 어떤 사건이 닥치고 그 사건을 바람직한 것이라 생각하면 우리는 그 사건에 대해 좋게 받아들이고 바람직한 사건으로 경험한다. 그러나 어떤 사건이 터지고 그 사건을 나쁘게 생각하면 우리는 그 사건을 불편하게 받아들이고 불편한 사건으로 경험한다. 이런 판단과 경험은 사건 자체와는 아무런 관계도 없다. 사건 자체는 중립적이다. 사건은 사건일 뿐이다. 거듭 말하지만, 사건과 그 사건에 대한 우리의 반응 간에는 어떤 직접적 관계도 없다! 우리가 어떤 사건을 경험하는 방향은 전적으로 그 사건에 대해 우리가 갖는 생각과 믿음 및 가치판단에 의해 결정된다.

결론적으로 말하면, 우리의 모든 경험은 우리 생각의 결과물이다. 이 등식은 어디에나 적용되는 '인과법칙'이다.

안타깝게도 대부분 이런 인과법칙을 모르기 때문에, 어떻게 생각하느냐에 따라 세상을 경험하는 방법도 달라진다는 걸 모른 채 살아간다. 거꾸로 말하면, 생각하는 대로 세상을 경험하고 있다는 것조차 모른다. 어떤 사건이 일어나면 우리는 곧바로 그 사건을 해석한다. 하지만 그 과정이 너무도 신속하게 진행되기 때문에 대부분이 그런 과정 자체를 눈치채지 못한다. 그저 '아, 이것은 나쁜 거야!'라고 생각하며, 그 외적인 사건을 탓하며 중간에 개입된 단계를 의식하지 못한다. 달리 말하면, 그 사건에 대한 우리의 생각과 해석이 우리 반응과 경험에 미친 영향을 전혀 고려하지 않는다.

그러나 현실은 우리 눈앞에서 실제로 벌어진 사건이고, 나머지는 우리 마음속에 자리 잡은 생각일 뿐이다. 우리 생각은 사건에 대한 직접적인 경험이 아니라, 사건에 대한 우리의 해석에 불과하다. 따라서 우리는 해석을 경험하는 셈이다. 따라서 우리는 현실을 해석하고, 그 해석에 맞춰 살아간다. 사건과 사람 및 그것들의 의미에 대한 이야기를 꾸며 우리 자신에게 속삭이고, 그에 맞춰 살아가며 현실을 그렇게 경험할 뿐이다.

이런 원칙을 이해해야 마음과 생각의 무궁무진한 힘을 이해할 수 있다. 또 이런 원칙을 이해해야 삶에 불만이 있더라도 우리가 생각하는 방향을 바꾸면 얼마든지 행복해질 수 있다는 것도 깨닫게 될 것이다. 고통에서 벗어날 수 있는 유일한 방법이 오직 여기에 있기 때문이다.

따라서 내가 여기에서 제시하는 방법은 대부분의 사람에게 삶을 완전히 새롭게 바라보는 방법일 것이다. 지금까지 누구도 우리에게 '생각이 원인이고 경험은 결과'라는 기본적인 메커니즘을 가르쳐주지 않았다. 그 이유는 누구도 이 기본적인 메커니즘을 몰랐기 때문이다. 따라서 누구도 우리에게 어떤 식으로 우리 생각을 관리해야 한다는 걸 가르쳐줄 수 없었고, 따라서 우리는 생각을 관리하고 처리하는 법을 배울 수 없었다. 이 때문에 우리는 수많은 불필요한 고통에 시달려야 했다. 우리가 무지했고, 고통은 삶 자체에서 비롯되는 것이라 잘못 생각했기 때문이다. 그러나 삶 자체는 고통의 원인이 아니다. 삶은 그저 존재할 뿐이다.

그렇다, 이 책은 이런 목적에서 쓰였다. 기본적인 메커니즘을 이해해야 생각을 올바로 관리할 수 있다.

그렇다, 누구나 자신의 생각을 관리할 수 있다. 생각의 관리가 행복한 삶을 살기 위한 전제조건이다!

02

왜 늘 나쁜 생각만
떠오를까?

생각은 경험의 원인이기 때문에
우리 머릿속에서 어떤 일이 일어나고 있는지 살펴보는 것도
괜찮은 접근법인 듯하다. 달리 말하면, 우리가 무엇을 생각
하는지 살펴보자는 것이다. 이렇게 할 때 우리는 머릿속에
서 내적인 대화가 진행되고 있다는 걸 깨닫게 된다. 내적인
대화는 잠시도 쉬지 않고 진행된다. 이런 내적인 대화는 틀
림없이 당신의 머릿속에도 존재하니 찾아보기 바란다.

나는 우리 머릿속에서 진행되는 이런 내적인 대화를 주
로 **'자신과의 대화'**self talk라고 칭한다. 대부분의 경우 우리
가 머릿속에서 우리 자신과 나누는 대화이기 때문에 '자신
과의 대화'라는 표현만큼 적절한 게 없는 듯하다. 그 대화를
찾아내서 귀를 기울여보라.

지금 당신은 당신 자신에게 무엇이라 말하고 있는가? 달
리 말하면, 당신 자신과 나누는 대화가 어떤 방향으로 진행
되는가? 건강한 방향으로 진행되는가? 당신에게 허락된 삶
을 재밌고 경이로운 모험이라 생각하며 긍정적이고 즐겁게
말하고 있는가? 정반대로 내면의 대화가 당신의 삶을 암울
하고 우울한 흑백 영화로 해석하는 파멸적인 생각의 도구
로 여겨지고, 당신은 그런 비극의 주인공으로 생각되는가?
또는 대부분의 사람이 그렇듯이 당신도 중간쯤에 위치해
서, 밝고 즐거운 면과 암울하고 우울한 조각이 여기저기에

두서없이 뿌려져서 아드레날린을 계속 분비하고 있는가?

당신이 자신과의 대화에서 무엇을 찾아내든 간에 중요한 것은 **"당신이 자신과 규칙적으로 대화하는 내용을 결국에는 경험하게 된다!"**라는 것이다. 모든 것이 이렇게 작동하기 때문이다. 또 이것이 마음의 메커니즘이다.

마음의 메커니즘에 따르면, 우리는 습관적으로 생각하는 방향대로 현실을 경험하게 된다. 달리 말하면, 일상적인 생각이나 내적인 대화가 어떤 성격을 띠느냐에 따라 삶에서 일어나는 사건을 경험하는 방법이 결정된다. 따라서 마음의 메커니즘이 삶을 결정하는 메커니즘이 된다. 어떤 사건이 벌어지면, 우리는 그 사건의 의미에 대해 온갖 이야기를 지어낸다. 그러고는 그 해석을 경험한다. 이 메커니즘을 요약하면 다음과 같이 설명된다. 어떤 사건이 벌어진다. 그 사건이 바람직한 것이라 생각하면 기분이 좋아지고, 그 사건이 불쾌한 것이라 생각하면 기분이 나빠진다. 우리가 어떤 사건을 바람직한 것으로 또는 추잡한 것으로 경험하는 이유에 대한 메커니즘을 알고 나면 허탈할 정도다. 갑자기 어떤 사건이 닥치면 어떤 사람은 대체로 좋아하고 어떤 사람은 불만스러워한다. 그 이유는 놀라울 정도로 간단하다.

이런 메커니즘을 알게 되면 우리는 더 이상 이해할 수 없는 힘의 희생양이 되지 않는다. 깨달음이 있어야 자각하게 되고, 자각해야 경험을 바꿔가는 힘을 키워갈 수 있다.

따라서 당신의 일상적인 경험이 생각만큼 긍정적이고 즐겁게 느껴지지 않는다면, 당신의 머릿속에서 마음의 메커니즘이 어떻게 진행되는지 한층 면밀하게 살펴봐야 할 시간일 수 있다. 다른 관점에서 보면 신나고 흥겨운 경험을 당신이 괜스레 비극적으로 해석하고 있다면, 다시 말해서 사건을 실제보다 훨씬 비극적으로 해석하는 장본인이 당신이라면, '건전한 자신과의 대화'를 모색해야 할 시간이다.

이 책은 이런 목적에서 쓰였다. 현실과 생각의 차이를 이해함으로써, 또 자신에게 건전하고 분별력 있게 속삭이는 방법을 배움으로써 일상의 경험을 바꿔갈 목적에서 쓰였다.

03

현실과 생각의 차이

내적인 대화를 효과적으로 끌어가고, '건전한 자신과의 대화'의 힘을 진정으로 이해하기 위해서는 현실과 생각의 차이를 이해하는 것이 무엇보다 중요하다. 이 둘의 차이에 대한 철저한 이해가 행복에 들어가는 또 하나의 열쇠며, 기본적인 개념이다. 대체 무슨 뜻일까? 우리 경험의 본질을 면밀히 들여다보면, 순간순간 일어나는 사건과 그 사건에 대한 우리 해석이나 반응 사이에 차이가 있다는 걸 확인할 수 있다. 따라서 내가 여기에서 말하고자 하는 것은 '실제로 일어난 사건과 그 사건에 대한 우리 생각은 완전히 별개의 것'이란 뜻이다. 예를 들어 설명해보자.

"두 사람이 이혼한다."

이 말이 무슨 뜻일까? **함께 살던 두 사람이 헤어졌다는 게 이혼이며, 이것이 현실이다.** 다시 말하면, 현실은 이혼이란 사건 자체다. 하지만 이혼은 두 당사자에게 다른 뜻으로 해석될 수 있다. 한쪽에게 이혼은 비극이나 세상의 종말로 여겨질 수 있다. 따라서 그는 이혼으로 낙담하며 슬퍼할 것이다. 반면에 상대방에게 이혼은 축복이고 해방일 수 있다. 삐걱대던 관계를 견뎌야 하던 부담감에서 마침내 해방되기 때문이다. 따라서 그는 이혼을 행복하고 즐거운 사건으로 받아들일 것이다. 이처럼 이혼은 함께 살던 두 사람이 더 이상 함께하지 않는 사건에 불과하지만 당사자들에게는 다른 뜻으로 해석될 수 있다.

"상관이 당신에게 태스크포스 팀을 지휘해서
회사에 닥친 까다로운 문제를 해결하라고 지시한다."

이 사건은 무슨 뜻일까? **현실은 업무지시를 받았다는 것이다.** 그러나 이런 지시를 받는 게 사람에 따라 다르게 해석된다. 어떤 사람은 이런 업무지시를 부담스럽게 생각하며 엄청난 스트레스를 경험할 것이다. 반면에 이런 업무를 명예고 도전이라 생각하는 사람은 새로운 에너지를 얻고 활기차게 일할 것이다. 두 경우 모두에서 사건은 똑같은 업무지시에 지나지 않다.

"당신 자식이 성장해서 집을 떠난다."

이 사건은 무슨 뜻일까? **부모의 품에 있던 자식들이 이제 독립해서 집을 떠난다는 것이 현실이다.** 자식들이 더 이상 부모의 곁에 있지 않다. 하지만 이 사건도 사람에 따라 다르게 해석된다. 당사자의 생각에 따라 해석이 달라진다는 뜻이다. 어떤 사람은 자식이 자신의 품을 떠나는 사건을 커다란 상실로 경험하며 큰 공허감을 느낄 것이다. 따라서 그에게 이 사건은 진정한 위기의 시간이자 자신을 되돌아보는 성찰의 시간이 되기도 할 것이다. 반면에 자식들이 집에서 함께 지낼 때는 즐기지 못하던 것에 더 많은 시간을 투자하며, 새롭게 되찾은 자유의 시간을 즐기는 사람도 있을 것이다. 이번에도 두 경우 모두에서 사건은 똑같은 자식의 독립이었다.

위의 예에서 보듯이, 하나의 사건을 사람에 따라 다르게 해석하며 다른 식으로 경험한다. 구체적으로 말하면, **우리는 사건에 대한 각자의 해석을 경험한다.** 따라서 당신이 이혼을 불행한 사건이라 생각하면, 당신이 이혼을 통해 경험하는 것은 불행이다. 반면에 당신이 이혼을 진정한 해방이라 생각하면, 당신이 이혼을 통해 경험하는 것은 진정한 해방이다. 이런 관계는 직장에서 부여받는 새로운 임무에도 그대로 적용된다. 당신이 어떤 업무를 감당하기 힘든 것이라 생각하면 스트레스에 짓눌리기 마련이고, 당신이 도전을 즐기는 사람이라면 새로운 에너지가 샘솟는 걸 경험하게 될 것이다. 여기에서 우리가 이해해야 할 것은, 사건 자체에는 아무런 의미도 없다는 것이다. 사건은 그저 우리 삶에서 일어나는 뜻밖의 일에 불과하다. 그러나 그 사건을 어떻게 해석하느냐에 따라 그 사건에 부여되는 의미도 달라진다. 이는 우리 삶에서 일어나는 모든 것에 똑같이 적용되는 원칙이다.

사건 자체에는 어떤 내재적 의미도 없다! 이 진실의 이해가 우리 삶에 자유와 기쁨을 더할 수 있는 지름길이고 핵심 개념이다. 이 진실을 이해할 때, 우리 삶에서 펼쳐지는 사건은 다양한 각도에서 해석될 수 있다는 걸 한층 쉽게 깨달을 수 있다. 그리고 우리에게 새로운 방향으로 생각하고 반응할 가능성을 열어준다. 또한 이런 깨달음이 있을 때 하나하나의 사건에 대한 우리 자신의 반응을 통제할 수 있는 방법을 학습하는 데도 도움이 된다.

사건 자체에는 어떤 내재적 의미도 없다! 이 진실을 이해할 때 우리는 생각에 무작정 끌려다니는 희생양 신세에서 벗어날 수 있을 것이다.

우리가 경험하는 것은
삶 자체가 아니라,
삶에 대한 우리의 해석이다.

04

나 자신의 주인으로
살아야 할 권리

가장 기본적인 권리를 기억에 되새기는 것으로 건전한 자신과의 대화를 시작해보자. 당신이 당신의 주인이어야 한다. 이것은 당신의 권리다.

그렇다, 당신의 주인은 당신이다.

당신에게는 당신의 주인이어야 할 권리가 있다. 이 말이 진실이란 걸 내가 어떻게 알까? 당신에게 당신의 주인이어야 할 권리가 있다는 걸 내가 어떻게 알까? 당신이 지금 바로 여기에 있기 때문이다. 그렇지 않은가? 그래서 내가 아는 것이다. 당신이 현실을 의식하고 깨닫게 되면 무엇이 진실이고 무엇이 그렇지 않은지를 구분하기가 한결 쉬워진다. 그때부터 당신은 눈을 크게 뜨고 면밀하게 살펴보기만 하면 된다. 진실은 항상 거기에, 바로 당신의 눈앞에 있다! 따라서 당신에게는 당신의 주인이 될 수 있는 권리가 있다는 걸 내가 알고 있는 것이다. 당신은 지금 바로 여기에 있다. 생명이 당신을 창조했고, 당신은 지금 여기에 있다.

많은 사람이 지금 여기에 있을 권리가 자신에게 없다고 생각한다.

그들은 자신이 세상에 존재할 권리가 없다고 생각한다. 이런 생각은 현실을 부정하는 것이며, 가장 기본적인 권리를 부정하는 것이다. 요컨대 누구에게나 허락된 존재의 권리, 생명의 권리를 부인하는 생각이다. 이 권리를 생명 자체가 부정하는 것은 아니다. 우리가 부정하는 것일 뿐이다.

생명의 권리, 존재할 권리, 여기에 있을 권리가 있다는 것은, 우리가 어떤 일을 행할 때마다 그에 따른 결과가 있다는 뜻이다. 그렇다, 어떤 행위에나 결과가 뒤따르기 마련이다. 우리가 어떤 행위를 하든 그 행위에는 결과가 뒤따른다. 따라서 우리 생각, 말과 행동에도 결과가 있을 것이고, 결국 우리는 그 결과를 경험하게 된다. 누구도 이 원칙에서 벗어날 수 없다. 누구에게나 무차별적으로 적용되는 비인격적인 메커니즘이다. 그러나 당신의 말과 행동에 예외없이 결과가 뒤따른다고 해서, 당신에게 여기에 있을 권리가 없다는 뜻은 아니다. 진정으로 행복한 삶을 살고 싶다면, 이 관계를 혼동하지 않는 것이 중요하다.

따라서 당신에게는 여기에 있을 권리, 당신의 주인이어야 할 권리가 있다는 걸 잊어서는 안 된다. 지금 여기에 있는 사람이 바로 당신이기 때문이다.

이것이 현실이다.

결국 당신은 당신의 생각과 말과 행동에서 빚어지는 결과를 경험하게 된다는 뜻이기도 하다.

다른 사람들이 당신을 좋아하지 않는다면, 그것은 그들의 문제다. 다른 사람들이 당신을 비난한다면, 그것은 그들의 문제다. 다른 사람들이 당신에게 변해야 한다고 강요한다면, 그

것도 그들의 문제다. 당신이 당신의 주인이어야 할 권리가 사라지는 것은 아니다.

당신이 스스로 변해야겠다고 생각하더라도 이것도 선택의 문제다. 당신이 실력을 키워야겠다고 생각한다면, 실제로 행동에 옮기느냐 않느냐는 전적으로 당신에게 달려 있다.

당신에게 당신이어야 할 권리가 있다는 기본적인 사실이 달라지지는 않는다. 당신이 당신의 주인이라는 기본적인 사실이 달라지는 것도 아니다.

흥미롭게도 당신이 당신의 주인이라는 기본적인 권리를 존중하게 될 때에야 다른 사람들도 이 권리를 의식하게 된다.

따라서 당신에게 새로운 의무가 주어진다.

당신이 당신의 주인이라는 권리를 존중해야 하는 의무다.

05

내 삶의 방식은
옳은 것일까?

당신 자신의 주인이 된다는 것
은 당신만의 세계관을 갖는다는 뜻이기도 하다. 엄격히 말
하면, 만물에 대해 당신만의 관점을 갖는다는 뜻이기도 하
다. 쉽게 말하면, 당신의 관점에 맞추어 만물을 해석할 수
있다는 뜻이다. 이것도 당신의 권리다. 그런데 이것도 당신
의 권리라는 걸 내가 어떻게 알까? 당신이 그렇게 만물을
해석하기 때문이다. 따라서 이것이 현실이다. 여하튼 당신
이 이미 당신만의 세계관을 갖고 있고, 만물에 대한 자기만
의 해석을 갖고 있다는 게 현실이다. 우리 모두가 그렇다는
것이 현실이다.

실제로 우리는 각자 자기만의 정신세계 속에서 살아간
다. 우리는 각자 자기만의 생각과 견해를 갖고, 또 우리 주
변에서 일어나는 사건을 각자 나름대로 해석하며 이야기를
지어낸다. 따라서 하나의 표준적인 '올바른' 인생관, 세계
관, 현실관이 있다는 견해는 크게 잘못된 견해이며, 많은 사
람들을 큰 혼란에 빠뜨릴 만한 것이다.

왜 그럴까? 하나의 올바른 세계관이란 존재하지 않기 때
문이다. 당신 주변을 살펴보며, 이 말이 맞는지 직접 확인해
보라. 어떤 사건이 터지면, 사람들은 그 사건을 각자의 관점
에서 다른 식으로 해석한다. 따라서 하나의 올바른 세계관
이 있어 우리가 각자의 개인적인 관점을 그 세계관에 맞추

어야 한다면, 우리는 사건을 해석하고 경험할 때마다 불안감에 시달려야 할 것이다. 특히 우리 세계관이 친구들이나 가족의 세계관과 다르지 않은지 노심초사해야 할 것이다.

그렇다고 우리가 다른 사람들의 의견과 해석에서 어떤 것도 배울 수 없다거나, 어떤 사건을 두고 다른 사람들과 논쟁을 벌일 수 없다는 뜻은 아니다. 다만, 다른 대안이 없을 때 우리만의 세계관과 현실을 갖게 된다는 뜻이다. 하기야 그럴 수밖에 없지 않겠는가.

우리는 각자의 고유한 정신세계에서 살아간다. 하나의 임의적인 '올바른' 세계관은 없다. 그런 것은 존재할 수 없다. 삶은 철저하게 주관적인 경험이다.

아직도 내 말이 믿기지 않으면, 주변을 면밀하게 살펴보며 '하나의 올바른 세계관이 있을까?'라고 자문해보라. 그런 세계관이 있다면 어디에 있겠는가? 또 하나의 올바른 세계관에 대한 기준은 누가 세우는 것일까? 옳고 그른 것을 누가 결정하는가? 이런 의문들은 잠깐만 생각해봐도 현실과 아무런 관계가 없다는 게 드러난다.

다른 사람들이
당신을 좋아하지 않는다면,
그것은 그들의 문제다.
다른 사람들이 당신을 비난한다면,
그것은 그들의 문제다.
다른 사람들이 당신에게
변해야 한다고 강요한다면,
그것도 그들의 문제다.

어떤 감정도
품을 수 있는 권리

당신 자신의 주인이 된다는 것
은 어떤 감정이라도 품을 수 있는 권리가 있다는 뜻이다.
그런데 이것도 당신의 권리라는 걸 내가 어떻게 알까? 당신
은 온갖 감정을 내면에 지니고 있기 때문이다. 당신은 인정
하고 싶지 않겠지만, 당신은 많은 감정을 억누르려 애쓴다.
하지만 당신의 내면에는 온갖 감정이 있다는 게 현실이다.
이런 현실은 당신뿐만 아니라 누구에게도 예외 없이 적용
된다. 물론 우리 내면에는 다양한 감정들이 있다. 거듭 말하
지만, 원래 그런 것이며, 삶의 본질을 드러내는 것이기도 하
다. 사건이 벌어지면 우리는 그 사건에 대한 이야기를 꾸미
며 나름대로 해석한다. 그러한 해석이 감정을 자극한다. 이

과정은 모든 사람에게서 똑같은 방식으로 작동되는 메커니
즘이다. **당신이 뭔가를 바람직하게 해석하면 그것에 대해 좋
은 감정을 갖게 되고, 당신이 뭔가를 마뜩잖게 해석하면 그것
에 대해 불만스런 감정을 갖게 된다.** 당신의 내면을 들여다
보면 감정 상태는 무척 간단히 확인할 수 있다.

당신에게 어떤 감정이라도 품을 수 있는 권리가 있는 이
유는 실제로 이미 온갖 감정을 내면에 지니고 있기 때문이
다. 많은 사람이 이른바 '좋은' 감정, 즉 '긍정적인' 감정만
을 품어야 한다고 말한다. 하지만 긍정적인 감정만을 품고
산다는 것은 불가능하다. 우리가 삶의 과정에서 고약한 사

건에 부딪치면 스트레스를 받기 마련이고, 그 결과로 '나쁜' 감정, 즉 '부정적인' 감정이 내면에서 촉발되기 때문이다. 따라서 이런 현실을 부정한다는 것은 무분별한 짓이다.

누구에게나 감정이 있다. 누구도 예외일 수 없다.

많은 사람이 부정적인 감정을 내면에 품고 살아가는 게 현실이다. 생각과 감정 사이에도 원인과 결과라는 메커니즘이 작동하기 때문에 어쩔 수 없는 현실이다. 만약 당신이 뭔가에 대해 확고한 생각이나 의견을 갖게 되면, 그런 확신에서 어떤 감정이 생겨난다. 당신의 의견에 따라 그 감정은 긍정적일 수도 있고 부정적일 수도 있다. 이런 상관관계도 법칙이고, 메커니즘이다.

이 메커니즘은 무척 흥미로운 현상으로 이어진다. 이른바 '부정적인' 감정이 생겨날 경우, 그 감정을 억누르려고 애쓰면 이상하게도 더욱더 강력해진다. 이처럼 그 감정이 더욱더 강력해지면 당연히 '억제'하기도 더 어려워진다. 이런 악순환이 또 하나의 흥미로운 현상, 즉 '많은 사람이 자신의 감정을 무척 두려워하는 현상'으로 이어진다.

바로 당신에 대해 말하고 있는 것처럼 들리지 않는가?

삶은 철저하게 주관적인 경험이다.
당신이 뭔가를 바람직하게 해석하면
그것에 대해 좋은 감정을 갖게 되고,
당신이 뭔가를 마뜩잖게 해석하면
그것에 대해 불만스런 감정을 갖게 된다.

07

나는 내가 믿는 대로
살고 있다

때때로 많은 사람들이 나를 찾아와서는 자신의 삶을 완전히 바꾸기 위해서라도 확정적으로 말하고 싶다고 말한다. 그때마다 나는 빙그레 미소를 짓게 된다. 나도 한때 그들처럼 생각하며, 확정적인 말이 우리 삶을 변화시킬 수 있는 놀라운 마법의 지팡이와 같다고 생각했기 때문이다.

이제 우리는 정신이 어떻게 작동하고, 생각과 경험 사이에 인과관계가 있다는 것을 알고 있다. 따라서 우리가 믿는 모든 생각은 확신이란 현실을 인정할 수밖에 없다. 특히 우리가 확실하다고 생각하며 믿는 생각들은 강력한 확신이다. 따라서 우리가 삶에 대한 생각을 얘기할 때 삶이란 그런 것이라는 확신을 얘기하는 셈이다. 예컨대 "삶은 그런 것이다."라고 말하면 우리는 그런 삶을 살고 있다는 뜻이다. "그것은 나쁜 것이다."라고 말하면 그것을 나쁜 것으로 경험하기 마련이다. 또 "그 여자라면 그 일을 하지 않을 거야."라고 말하면, 그 생각에서 비롯되는 스트레스를 피하기 어렵다.

달리 말하면, 우리 모두가 확신의 대가라는 뜻이다. 누가 누구보다 더 확신을 말하는 데 낫다고 말할 수 없다. 우리가 생각과 믿음대로 경험한다는 점에서도 우리 모두가 똑같다. 이런 상관관계에는 어떤 의심의 여지도 없다. 따라서 확신이 우리 삶을 변화시킬 수 있는 마법의 열쇠라고 믿었다면, 그런 믿음이 잘못됐고 순진한 착각에 불과했다는 것을 이제 깨달았을 것이다. 우리가 지금까지 살아오면서 확신을 줄곧 말했고, 믿음의 결과를 경험했다는 것은 사실이다. 다른 경우는 없었다.

따라서 당신이 무엇을 확신하는지 알고 싶다면, 당신이 어떤 생각을 하고 무엇을 반복해서 확실하게 말하는지 눈여겨보기만 하면 된다. 그 결과가 당신이 확신하는 것이다. 따라서 우리는 이렇게 자신에게 물어야 한다. 지금 내가 확신하는 것은 무엇인가? 내가 지금 확실하게 믿고 말하는 것이 정말로 경험하고 싶은 것인가? 내가 지금 확신하는 것이 현실과 어떤 관계가 있는가? 달리 말하면, 내 생각과 믿음이 지금 내가 누리는 삶의 모습과 맞아떨어지는가? 내 생각이 지금 내 눈앞에서 실제로 펼쳐지는 상황과 일치하는가? 아니면 환상의 세계에 동떨어져 있는 것은 아닌가? 아무런 이유도 없이 나에게 고통을 주는 무서운 얘기에 빠져 있는 것은 아닌가?

당신의 생각과 믿음을 자세히 분석해본 후에 당신의 생각이 완전히 빗나가 불필요한 고통을 안겨주는 원인이란 게 밝혀지면, 당신의 생각과 믿음 체계를 되짚어보며 현실과 일치하도록 고쳐가야 할 시간이다. 그렇게 할 때, 당신은 생각과 확신의 경이로운 힘을 경험할 수 있을 것이다. 달리 말하면, 삶의 경이로움과 즐거움이 지금 이 순간 당신의 삶에 있다는 걸 깨닫게 될 것이다.

08

눈앞의 현실을
누가 바꿀 수 있을까?

　　　　　　　지금까지 우리는 삶에 실질적
으로 적용할 수 있는 기본적인 개념들을 살펴보았다. 이번
에 소개하는 개념은 쓸데없는 고통에서 벗어나기 위해 우
리 삶에 적용할 수 있는 마지막 개념이다.

　우리가 무엇을 하든 간에 현실은 우리 눈앞에 있는 현상
이며, 우리에게는 어떤 선택권도 없다. 또 우리가 마음대로
조절할 수 있는 것도 아니다. 현실은 지금 눈앞에 존재하는
그 자체다. 하루는 비가 오고, 하루는 해가 쨍쨍 내리쬔다.
우리가 이런 날씨를 조절할 수 있는가? 우리는 숨을 쉬고
심장이 뛴다. 우리가 호흡과 심장 박동을 마음대로 조절할
수 있는가? 수많은 사건과 사람이 우리 앞에서 일어났다가
지나간다. 우리가 이런 현상을 마음대로 조절할 수 있는가?
부모와 반려자, 자식과 친구 등 모두가 왔다가 멀어진다. 온
갖 사건이 벌어진다. 요컨대 인간의 삶은 자체의 속도와 흐
름에 따라 움직인다. 우리는 이런 흐름에 어떤 영향도 미칠
수 없다. 우리는 그저 그 자리에 존재할 뿐이다. 우리 몸뚱
이가 병들고 고장 날 때까지, 나이가 들어 호흡이 끊어지고
심장이 멈출 때까지 살아갈 뿐이다. 모든 것이 우리 뜻과는
관계없이 자체의 법칙에 따라 움직인다.

　그럴진대 이런 현실이 우리 바람과 무슨 관계를 가질 수
있겠는가? 삶의 과정에서 우리는 원하는 것과 우리에게 필

요한 것을 손에 넣을 때도 있지만 그렇지 못한 때도 있다. 그러나 실제로 일어나는 일을 정직한 눈으로 보면 우리가 주인공이 아니라는 사실을 금세 깨달을 수 있다. 우리가 아무리 발버둥 쳐도 우리 삶은 본연의 흐름을 따라가고, 우리가 그 흐름을 바꿀 수는 없다. 남달리 건강하고, 은행의 잔고가 넘쳐도 소용없다. **현실은 지금 우리 눈앞에 있는 것이며, 여기에서 우리가 할 수 있는 역할은 없다.**

현실이란 그런 것이다.

동반자의 경우도 마찬가지다. 때로는 좋은 동반자, 좋은 친구를 만나지만 그렇지 못한 경우도 있다. 돈도 다를 바가 없다. 은행 잔고에 돈이 있을 때도 있지만 바닥이 나는 경우도 있다. 세상살이가 그런 것이다. 주변을 둘러보면, 내 말이 조금도 틀리지 않다는 것을 확인할 수 있을 것이다. 현실에는 예외가 없다. 어떤 예외도 허용하지 않는다.

분명히 말하지만, 행복하기 위해서 좋은 짝과 건강과 돈이 있어야 한다는 생각은 틀렸다. 그런 생각은 행복으로 가는 길이 아니다. 외적인 것에서 행복을 찾으려는 생각 자체가 불가능한 바람이기 때문에, 결국에는 현실과 맞붙어 싸우는 짓이다. 다시 말해, 불가능한 것을 바라는 것이다. 우리는 우리가 원하는 것을 현실이 우리에게 안겨주기를 바라지만 그런 바람이 실현될 가능성은 거의 없다. 따라서 이런 사고방식, 우리가 자라면서 배운 사고방식, 요컨대 우리 머릿속에 프로그래밍된 생각하는 법은 지옥으로 가는 지름 길이다. 결코 행복으로 가는 길이 아니다. 그 이유가 뭐냐 고? 삶은 현실이고, 현실은 지금 우리 눈앞에 있는 모습이 기 때문이다. 우리는 연극을 하는 게 아니다. 우리는 눈앞의 현실에 한마디도 거들 수 없다. 이 순간, 즉 현실은 지금 눈 앞에 펼쳐진 모습이며, 궁극적인 것이고 결정된 것이다.

그러나 내 말을 오해하지 않기를 바란다. 현실, 지금 이 순간이 지금 눈앞에 있는 것이라 해서, 건전하게 살지 말라 는 뜻은 전혀 아니다. 변하기 위해 노력하거나 더 나은 세 상을 만들기 위해 애쓰지 말라는 뜻은 더더욱 아니다. 분별 력 있게 건전한 삶을 살기 위해서 우리가 할 수 있는 것이 없다는 뜻도 아니다. 지식과 지혜를 쌓고, 인과관계가 일상 의 삶에서 어떻게 작용하는지 이해할 필요가 없다는 뜻도 아니다. 나는 조금도 그런 뜻으로 말한 것이 아니다. 우리가 물리적인 몸으로 살아가며 겪는 근본적인 법칙에 대해 말 하고 있을 뿐이다. 물리적인 몸을 끌어안고 이 세상에서 현 명하게 살아가기 위해 우리가 취할 수 있는 현명하고 실질 적인 조치들, 또 주변 사람들을 돕기 위해 우리가 할 수 있 는 일들이 무궁무진하게 많다고 말하려는 것은 아니다. 우 리가 삶이라 부르는 것에 대한 '비현실적인 기대감'에 대해,

또 그런 비현실적인 기대감이 우리를 어떻게 지옥으로 몰아가는가에 대해 말하려는 것이다. 따라서 현실을 똑바로 직시하고, 우리가 삶이라 일컫는 세상의 속성을 올바로 이해하는 편이 더 낫다. 우리가 그 속성을 올바로 이해할 때 행복한 삶을 살 수 있기 때문이다. 행복한 삶은 분명히 가능하다. 이것만으로도 반가운 소식이 아닌가!

그 이유가 무엇일까? 우리가 삶의 본질을 철저하게 조사해서 **삶이 무엇이고 마음이 어떻게 작동하는지 이해하기 시작하면, 우리 행복이 외적인 환경이나 사건 및 다른 사람에게 달려 있지 않다는 사실을 깨닫게 될 것이다.** 이런 깨달음은 무엇보다 중요한 깨달음이며, 세상의 흐름을 이해하기 위한 첫걸음이다. 희망이 물거품으로 변하고 세상사가 실제로 어떻게 진행되는지 직시하기 시작하면 우리는 행복이 내적인 경험이란 사실을 깨닫게 된다. 또한 그 내적인 경험이 지금껏 우리가 행복을 결정하는 요인이라 생각했던 것들과 아무런 관계도 없다는 사실까지 깨닫게 된다. 내가 반가운 소식이라고 말하는 이유가 바로 여기에 있다. 우리가 자유로워진다는 뜻이기 때문이다! 그렇다, 우리는 외적인 구속에서 자유로워진다! 행복은 외적인 것에 좌지우지되는 것이 아니다! 우리 행복은 전적으로 우리에게 달렸다. 달리 말하면, 행복하기 위해서 우리가 뭔가를 할 수 있다는 뜻이다.

행복하기 위해서
좋은 짝과 건강과 돈이
있어야 한다는 생각은 틀렸다.
그런 생각은 행복으로 가는 길이 아니다.
외적인 것에서 행복을 찾으려는
생각 자체가 불가능한 바람이기 때문에,
결국에는 현실과 맞붙어 싸우는 짓이다.
다시 말해,
불가능한 것을 바라는 것이다.

PART 2

09 ─────────────── 19

관계에 대한 의무가 먼저일까?
내가 행복할 권리가 먼저일까?

09

연인과 배우자에게
상처를 주는 어긋난 믿음

건강하게 살며 자신을 잘 보살
핀다는 것은 대인관계에서 자신을 중요하게 생각한다는 뜻
이기도 하다. 많은 사람들이 인간관계를 어려워한다. 따라
서 원만한 인간관계를 가장 방해하는 요인 중 하나를 자세
히 살펴보기로 하자. 누군가 무척 폭력적이고 끊임없이 잔
소리하고 비난하며 상대방의 자존심을 건드린다면 어떤 일
이 벌어질까? 하지만 먼저 여기에서 폭력적인 행동이 물리
적인 폭력만을 뜻하는 건 아니라는 점을 분명히 해두고 싶
다. 언어폭력은 감정을 상하게 하는 폭력이며, 물리적 폭력
만큼이나 해롭다.

배우자가 언어폭력을 일삼는다면, 그는 팀 레이가《이상
한 나라의 연애학 개론101 Relationship Myths》에서 밝힌 잘못된
믿음에 사로잡혀 있을 가능성이 크다. "당신이 나를 사랑한
다면 내가 원하는 대로 해야 해.", "내 행복은 배우자에게 달
려 있어(당신 때문에 내가 불행한 거야).", "내가 행복하냐 않
냐는 배우자 책임이야." 등과 같은 믿음이 대표적인 예다.
예컨대 폭력적인 배우자는 상대를 엄청나게 사랑하지만 자
신은 상대의 행동 때문에 불행하다고 투덜대며, 상대에게
시시때때로 압력을 가한다. 이런 경우, 폭력적인 배우자는
"내 행복은 당신에게 달려 있어."라고 말한다.

안타깝게도 이런 유형의 인간관계에서 순종적인 배우자

(대체로 폭력의 피해자가 되는 쪽)는 배우자가 자신에게 말하는 걸 곧이곧대로 믿는다. 따라서 순종적인 배우자는 자신에게 상대방의 감정과 행복이 달려 있다고 굳게 믿는다. 이런 상황에서는 가해자(폭력적인 배우자)와 피해자(순종적인 배우자)가 똑같은 방향으로 생각한다. 달리 말하면, 가해자의 생각대로 둘의 관계를 원만하게 유지하는 데 필요한 행동에 피해자가 부응하지 못한 잘못을 저질렀다고 생각하는 것이다. 이처럼 두 당사자가 똑같이 생각하기 때문에 이런 상황은 오랫동안 지속될 수 있다. 다시 말하면, 두 당사자가 똑같은 착각, 즉 한쪽의 생각과 감정에 대한 책임이 상대에 있다는 착각에 빠져 살기 때문이다.

우리는 쉽게 상대방을 이렇게 나무란다. "내가 이렇게 생각하고 이런 감정을 갖는 이유는 순전히 당신 때문이야!" 이런 생각과 믿음은 분명 잘못된 것이다. 한쪽은 항상 상대방을 탓하고, 상대방은 항상 자신을 탓하는 관계에서 우리는 이런 잘못된 믿음을 쉽게 관찰할 수 있다. 한쪽의 생각과 감정에 대한 책임이 상대방에게 있다는 일반화된 믿음을 면밀하게 살펴볼 필요가 있다. 이런 관계는 현실적으로 불가능하기 때문이다. 누구도 다른 사람의 감정과 생각에 책임이 없다.

이는 옳고 그름의 문제도 아니도 선악의 문제도 아니다.

세상사가 원래 그런 것이다. 마음과 의식의 본질을 면밀하게 살펴보면, "누구도 다른 사람의 감정과 생각에 책임이 없다"는 개념은 당신의 신분이나 당신의 사고방식과 아무런 관계도 없는 보편적인 메커니즘이다. 만물의 법칙일 뿐이다. 누구나 자신만의 생각과 감정을 갖는다는 게 만물의 법칙이다. 어떤 사건이 벌어지면 누구나 그 사건에 대해 자기나름대로 생각한다. 그 과정을 면밀히 들여다보면, 내가 말한 대로 사건 자체에는 내재적인 가치가 없고 모두가 그 사건에 각자의 해석에 따른 가치를 부여한다는 걸 확인할 수있을 것이다. 결국 그 사건이 마음에 들면 당신은 그 사건을 바람직한 것이라 생각하며 행복해할 것이고, 그 사건이 마음에 들지 않으면 그 사건을 마뜩잖게 생각하며 불만스러워할 것이다. 이 메커니즘은 무척 단순하다.

인간관계라는 문제에 관련해서는 '누구도 다른 사람의 감정과 생각에 책임이 없다'는 메커니즘을 명심해야 한다. 두 사람이 아무리 가깝더라도 각자 자기만의 정신세계에서 살아가며, 그 정신세계는 각자의 생각과 감정에 의해 완전히 결정되기 때문이다. 또한 인간관계에서 어떤 사건이 벌어지면 두 사람의 반응은 그 사건에 대한 각자의 생각과 해석에 따라 결정되는 것이지 상대의 행동에 영향을 받지 않는다.

그럼에도 불구하고, 가해자와 피해자가 있는 인간관계에서는 가해자와 피해자는 똑같이 잘못된 믿음, 즉 '한쪽의 행복과 불행은 상대방의 책임'이란 착각에 똑같이 빠져 있다는 사실을 쉽게 확인할 수 있다. 이런 잘못된 믿음이 우리의 인간관계에서 끊임없이 문제를 야기하며, 가해자와 피해자를 힘들게 만든다. 하지만 현실은 **"내 생각과 감정에 책임질 사람은 나 자신이고, 당신의 생각과 감정에 책임질 사람은 당신 자신이다."**라는 것이다. 이런 이유에서 당신이 원하는 방향으로 다른 사람에게 행동하도록 '강요'하거나, 당신이 원하는 방향으로 느끼라고 '강요'할 때 마음이 꺼림칙한 것이다. 반대로 똑같은 이유에서 다른 사람이 자신의 뜻대로 당신에게 행동하고 느끼라고 '강요'할 때 마음이 꺼림칙하고 불편한 것이다. 무엇보다 그렇게 해낼 수 없기 때문에 마음이 꺼림칙한 것이다. 요컨대 다른 사람과 똑같이 생각하고 느낀다는 것은 애초부터 불가능하다.

따라서 인간관계에서 이처럼 건강하지 못한 상황을 해결하기 위한 첫 단계를 제시하면, "당신의 생각과 감정은 내 책임이 아니다. 그것은 전적으로 당신이 책임질 몫이다. 물론 내 생각과 감정도 당신 책임이 아니다. 내 생각과 감정을 책임질 사람은 바로 나 자신이다. 그것은 전적으로 내가 책임질 몫이다."라는 말을 마음속에 깊이 새기는 것이다.

언어폭력이 이처럼 심각한 몰이해에서 비롯되는 경우, 치유를 위한 과정에서 다음 단계는 단호한 태도를 유지하며, 한계를 넘어서면 상대에게 "당신이 무슨 말을 하는지 알겠는데 당신의 그런 감정에 내가 책임질 이유가 없다!"라고 말하는 것이다.

아름다운 구속이라고?
거짓말하지 마!

상대방을 내 의지대로 통제하려는 시도는 바람의 방향을 조정하려는 시도와 같다. 달리 말하면, 불가능한 짓이란 뜻이다! 따라서 상대를 통제하려는 시도는 항상 실패로 끝나기 마련이다. 현실에서는 누구나 자유롭다. 모두가 누구에게도 구속받지 않고 자유롭기를 원한다. 이런 바람은 우리의 본성이고 자연스런 욕구다. 누구도 자신의 자유가 방해받는 걸 원하지 않는다. 당신은 어떤가? 당신도 자유를 방해받지 않기를 바라면서, 왜 다른 사람의 자유를 간섭하려는 것인가? 따라서 상대방을 통제하려는 시도가 인간관계에서, 특히 부모와 자식 사이의 중대한 문제라는 건 조금도 놀랍지 않다(물론 어린아이를 양육하고 보호하며 인도하는 부모에 대해 말하는 것은 아니다).

당신의 간섭이나 통제를 원하지 않는 사람을 굳이 통제하려고 애써야 하겠는가? 그렇다면 다음과 같이 당신 자신에게 물어보라. 거두절미하고 이 사람을 통제하려는 이유가 무엇일까? 왜 이런 마음이 생겨난 것일까?

당신의 행복이 어떤 식으로든 그 사람의 생각이나 행동에 영향을 받는다고 생각하기 때문에 그 사람을 당신의 뜻에 맞추어 통제하려는 것이다. 따라서 위의 질문을 곰곰이 새기며 답을 찾아보는 것도 상대방을 통제하려는 헛된 시도를 포기하는 데 많은 도움이 될 것이다.

내 말이 맞지 않는가? 당신의 행복이 정말 그 사람의 말과 행동에 영향을 받는다고 생각하는가? 결코 가볍게 넘겨서는 안 될 중요한 질문이다. 많은 사람이 이 문제로 고통받고 있기 때문이지만, 그 이유는 간단하다. 자신의 행복이 다른 사람에게 달려 있다는 생각 자체가 착각이기 때문이다.

만약 당신이 이렇게 믿고 있다면, 당신은 '피해 의식'에 사로잡혀 있는 것이다. 그 이유가 무엇일까? 이렇게 믿는 것만으로도 당신은 상대의 피해자가 되기 때문이다. 이런 피해 의식은 고통스럽기도 하지만 당신의 힘까지 빼앗아간다. 따라서 자유롭지 않고 뭔가에 구속되어 있다는 느낌에서 벗어나기 힘들다. **행복하기 위해서 다른 사람을 통제해야 한다고 믿는다면 오히려 당신은 피해자다! 당신을 짓누르는 착각의 피해자다!**

상대를 통제해야겠다는 생각을 버려야 상대가 어떻게 행동하든 개의치 않게 된다. 그렇지 않은가? 상대를 통제해야겠다는 생각을 버려야 당신의 행복을 위해 당신이 할 수 있는 일에 전념할 수 있다. 당신만이 당신을 행복하게 만들 수 있다. 정말 신나지 않는가? 당신만의 힘으로 얼마든지 이루어낼 수 있는 목표다. 자신의 능력을 강화하고 현실의 본질을 직시하면 진정으로 해방될 수 있는데 왜 자신만이 아니라 다른 사람에게도 족쇄를 채우려 하는가?

사람을 통제하려는 이유가 무엇일까?
왜 이런 마음이 생겨난 것일까?
당신의 행복이 어떤 식으로든
그 사람의 생각이나 행동에
영향을 받는다고 생각하기 때문에
그 사람을 당신의 뜻에 맞추어
통제하려는 것이다.

남자 친구가 화를 낸 이유를
모르겠어요

당신의 인간관계 규칙을 누가 정했는가? 당신은 그 규칙에 동의했는가? 이 문제를 설명하기 위해서 나는 짤막한 실화 하나를 예로 들어보려 한다. 내가 '남자 친구와의 아침 식사'라고 부르는 일화다.

어느 금요일 저녁, 모든 것이 자연스레 시작되었다. 나는 남자 친구와 외출해서 멋진 시간을 보냈다. 우리는 멋진 식당에서 친구들과 함께 맛있는 저녁 식사를 했다. 그러고는 둘이서만 산책을 즐긴 후에 남자 친구의 아파트에 가서 황홀한 섹스를 나누었다(우리는 함께 살지 않았다).

다음 날 아침, 나는 눈을 떴을 때 행복하고 기운이 충만했다. 당시 나는 중요한 프로젝트에 공을 들이고 있었지만 어떻게 해결해야 할지 선뜻 결정을 내리지 못하고 있었다. 그런데 그날 아침 눈을 떴을 때 그 문제를 단숨에 해결할 방법이 머릿속에 떠올랐다. 나는 서둘러 집에 돌아가 일을 시작하고 싶었다. 남자 친구는 여전히 꿈나라에 있었고, 나는 샤워를 하고 옷을 입었다. 내가 출발할 준비를 끝냈을 쯤, 남자 친구가 눈을 비비며 일어나 샤워를 하겠다고 말했다. 나는 그에게 입맞춤하고, 그동안 나를 괴롭히던 프로젝트를 본격적으로 시작해야 하니까 집에 가겠다고 말했다. 그러자 놀랍게도 그가 버럭 화를 내며 "가더라도 아침은 먹고 가!"라고 소리쳤다.

그 때문에 우리는 심하게 다투었다. 남자 친구의 원칙에 따르면, 좋은 관계고 사랑하는 사이라면 당연히 아침 식사를 함께해야 한다는 것이었다. 그의 세계에서는 그것이 당연한 것이었다. 아침에 일어나서 아침 식사를 함께하지 않고 그냥 돌아가는 행동은 그에게 상처를 주는 무례한 짓이었다. 따라서 그가 나에게 그처럼 화를 냈던 것이다. 나는 아침 식사를 하지 않고 떠나야 하는 이유를 논리적으로 설명했지만 그는 요지부동이었다. 여하튼 나는 남자 친구의 아파트를 나왔고, 그 후로 남자 친구를 달래는 데 며칠이 걸렸다.

나는 남자 친구의 아파트를 나서면서 조금 전에 있었던 승강이를 되새겨보았다. 정말 우스꽝스런 사건이지만, 어디에서나 흔히 듣는 전형적인 사건이란 기분이 들었기 때문이다. 실제로 우리도 사랑하는 사람, 즉 배우자나 자식 또는 친구 등과 걸핏하면 터무니없는 의견 충돌로 다투지 않는가.

내 남자 친구는 "아침 식사를 하지 않고 떠나는 건 무례하고 상처를 주는 짓"이라고 말했다. 이 말은 그의 생각이었고, 그날 아침 그는 실제로 그렇게 경험했다. 또 이것은 그의 원칙이었고, 그를 화나게 만든 원칙이었다. 나는 이 원칙을 꼼꼼히 뜯어보았다. 그 원칙에 따르면 내가 아침 식사를 그와 함께해야 내가 그를 사랑하는 것이기 때문에, 그가 화를 냈던 것이다. 따라서 내가 그를 사랑한다면 나는 아침 식사를 그와 함께한 후에 떠나야 했다. 그의 생각에는 사랑하는 사람이면 반드시 지켜야 할 원칙이었다.

나는 이 원칙을 분석하는 과정에서, 사랑하는 한 쌍을 위한 이런 행동 규칙을 누가 정했는지 생각해보지 않을 수 없었다. 아침 식사를 함께하는 게 올바른 행동이라고 누가 말했는가? 꼬리를 물고 다음 질문이 머릿속에 떠올랐다. 그게 그의 규칙이라면, 내가 그 규칙을 지키겠다고 동의한 적이 있었던가? 내 기억이 맞다면, 우리가 데이트를 시작한 이후로 그가 내 얼굴을 마주보며 "바바라, 당신이 나를 사랑한다면 항상 아침 식사를 나와 함께해야 해."라고 말한 적이 없었다. 따라서 내가 그를 사랑한다면 밤을 함께 지낼 때마다 아침 식사를 함께해야 한다는 규칙을 내가 알 길이 없었다. 지금 돌이켜 생각해보면, 우리가 관계를 시작할 때 좋은 연인에게 필요한 전제조건을 서로 교환하지 않았던 게 불행의 씨앗이었다. 물론 그랬더라면 처음부터 우리 관계가 원만하지 않을 거라고 충분히 예측했을 것이다.

내가 아침 식사와 관련된 이 어리석은 이야기를 소개하는 이유는 많은 연인이 좋은 관계를 유지하기 위해서 필요한 것이라 생각하는 수많은 조건과 기대치와 비슷하기 때문이다. 놀랍겠지만, **그들의 조건을 자세히 살펴보면 양쪽이 머리를 맞대고 고민하며 함께하는 조건을 선택하기로 합의한**

적 없이 한쪽이 일방적으로 정한 독단적인 생각에 불과하다는 걸 확인할 수 있을 것이다.

따라서 인간관계를 유지하기가 쉽지 않다는 게 조금도 놀랍지 않다. 또 언제라도 우리 앞에서 예고 없이 터져버리는 독단적인 행동 원칙들을 기반으로 인간관계가 이루어지기 때문에 우리는 항상 온갖 분란에 휩쓸리기 마련이다. 따라서 그런 충돌이 있을 때마다 우리는 화를 내고 다투지만, 그처럼 다투는 근본적인 이유에 대해서는 모른다. 앞에서 예로 든 아침 식사 이야기가 분명히 보여주지 않았는가. 하지만 그의 원칙은 현실과 아무런 관계도 없다. 나는 그와 아침 식사를 함께하든 않든 간에 그를 사랑했기 때문이다.

인간관계에서 당신이 자주 화를 내거나 다툰다면 당신의 믿음 체계를 꼼꼼히 살펴보기 바란다. 당신의 믿음이 불필요한 분노와 원망의 원인인 경우가 적지 않기 때문이다. 좋은 인간관계를 유지하려면 무엇이 필요하다고 생각하는가? 상대도 똑같이 생각하는가? 둘의 관계에서 당신이 기대한 것은 무엇이고, 상대가 기대하는 것은 무엇인가?

인간관계에서 당신이 중요하게 생각하는 것을 분명히 파악한 후에는 상대와 이야기를 나눠보라. 당신과 상대가 각자의 행동 원칙이나 믿음을 부지불식간에 어기는 실수를 범하기 전에 그런 대화를 나누는 편이 더 낫다. 이미 불상사가 벌어졌다면, 지금이라도 허심탄회하게 이야기를 나눌 것을 권한다. 지금 겪고 있거나 앞으로 닥칠지도 모를 마음의 고통을 적잖게 덜어내고 예방할 수 있을 것이다.

원만한 인간관계를 위한 자기만의 조건을 갖는다고 나쁠 것은 없다. 그러나 상대에게 그 조건들을 미리 알려야 한다. 당신이 중요하게 생각하는 믿음이나 원칙에 "당신이 나를 사랑한다면 당신은 항상 아침 식사를 나와 함께해야 한다."라는 것이 있다면, 상대에게 솔직히 말해야 한다. 그래야 상대가 어떻게 행동해야 할지 판단할 수 있지 않겠는가. 원칙적으로 당신은 어떤 전제조건이든 원할 수 있다. 하지만 혼동과 충돌을 피하고 싶다면, 상대에게 그 조건들을 미리 말해두는 편이 낫다. 상대의 마음을 꿰뚫어보는 독심술사는 없기 때문이다! 적어도 아직까지는….

인간관계로부터 기대하는 것과 인간관계를 유지하는 조건에 관련해서 마지막으로 지적하고 싶은 것은, 그런 기대와 조건이 행복한 삶을 영위하고 좋은 관계를 유지하는 데 정말 중요한 것인지 진지하게 의문을 품어보라는 것이다. 그러면 대부분의 조건과 기대가 행복한 삶과 별다른 관계가 없다는 걸 깨닫게 될 것이다. 이런 깨달음이 있을 때 동반자가 있든 없든 간에 당신은 지금 꿈꾸는 행복을 훨씬 쉽게 경험하게 될 것이다.

12

우리는 모두
자유를 소망한다

미국을 건국한 정치인들은 1776
년에 발표한 독립선언문에서 '양도할 수 없는 권리unalienable
rights'라는 표현을 사용했다. 오늘날까지 미국 독립선언문은
인류가 작성한 많은 선언문 중 가장 심오한 선언문 중 하나
로 여겨진다. 따라서 이 선언문을 면밀하게 살펴볼 필요가
있을 듯하다. 독립선언문 2장은 다음과 같이 시작된다.

"우리는 다음과 같은 사실을 자명한 진리로 받아들인다.
즉 모든 사람은 평등하게 태어났고, 창조주는 몇몇 양도
할 수 없는 권리를 부여했으며, 그 권리 중에는 생명과
자유와 행복의 추구가 있다."

따라서 생명과 자유와 행복의 추구에서 누군가가 다른
사람의 양도할 수 없는 권리를 침해하면 최악의 학대가 일
어난 셈이다. 하지만 우리 모두가 알고 있듯이 이런 권리
침해는 세계 곳곳에서 항상 일어나고 있다. 텔레비전을 켜
면 이와 관련된 소식이 끊임없이 들려온다. 요컨대 세계
무대에서 학대와 폭력은 끊이지 않는다.

그러나 권리 침해가 저 멀리 먼 나라에서만 일어나는 것
은 아니다. 우리 주변에서도, 주변 사람들의 삶에서도 권리
침해가 끊임없이 자행되고 있다. 권리 침해가 저 멀리 떨어

진 해외에서만이 아니라 바로 우리 옆에서도 벌어지고 있다는 걸 깨닫게 되면 놀라지 않을 수 없을 것이다.

나는 거의 매일 적잖은 사람을 개인적으로 상담하기 때문에, 내가 살고 있는 이 평화로운 나라에서도 권리 침해가 일어나고 있다는 걸 어렵지 않게 확인할 수 있다. 개인적인 상담을 위해 나를 찾아오는 사람들은 거의 예외 없이 이런 유형의 학대를 받아 그 후유증으로 고통받고 있다. **그들은 생명을 유지하고 자유를 향유하며 가장 바람직한 방향으로 행복을 추구하기 위해 양도할 수 없는 권리를 가까운 사람에게 침해받는 현실과 싸우며, 그로 인해 고통받고 있다.** 나는 환자들로부터 이런 하소연을 들을 때마다 가슴이 찢어질 듯 아프다.

예컨대 남편이 아내의 권리를 침해한 이야기는 귀에 딱지가 앉을 정도로 들었다. 부인도 자신에게 적합한 삶을 살 권리가 있지만, 남편은 "나를 행복하게 해주는 게 당신의 의무야.", "당신의 의무는 아이들을 키우는 거야.", "가족을 먼저 생각해야 해.", "당신에게 무엇이 최선인지는 내가 알아."라면서 여성의 가부장적인 의무를 끊임없이 들먹이며, 부인의 권리를 침해하는 걸 합리화한다. 나는 이런 이야기를 들을 때마다 안타깝기 그지없다. 여성들이 자신들에게도 양도할 수 없는 권리가 있고, 생명과 자유와 행복을 추구하는 권리가 대표적인 예라는 것을 제대로 모르기 때문에 남편이 부인을 쉽게 조종하는 게 아닌가 싶다.

또 자식을 이런 식으로 조종하려는 부모의 이야기도 자주 듣는다. 반대로 이런 부모의 뜻을 거역하지 못해 가슴앓이하는 성인 자식의 하소연도 자주 듣는다. 이런 이야기를 들을 때마다 성인이든 아니든 간에 자식은 부모를 행복하게 해주고 부모의 욕심을 채워주기 위해 존재하는 듯하다. 이런 가정에서 성장한 사람들은 자신의 삶을 독자적으로 살아갈 권리가 없다고 믿기 십상이다. 따라서 그들은 자신에게 합당한 방식으로 생명과 자유와 행복을 추구할 권리가 없다고 생각하며, 그런 생각의 결과를 경험하게 된다. 마침내 자식이 성장해서 독자적으로 독립할 때가 되면, 어렸을 때부터 그의 삶은 다른 사람에게 속한 것이라 배웠기 때문에 지독한 죄책감에 시달리는 경우도 적지 않다.

어른이 된 후에도 당신에게는 독자적인 삶을 꾸려갈 권리가 없다는 말을 듣게 된다면, 요컨대 자신에게 적합한 방식으로 삶과 자유와 행복을 추구할 권리가 당신에게 없다는 말을 듣게 된다면 그것만큼 끔찍한 학대가 없을 것이다. 한 인간이 자유인으로서 누려야 할 기본적인 인권을 침해하는 것이나 다를 바가 없다.

그렇다고 부모에게 자식을 양육하고 보호할 책임이 없다

는 뜻은 아니다. 자식이 어릴 때는 부모가 당연히 그 역할을 해야 한다. 하지만 자식이 성장하면 자식의 미래에 무엇이 최선인지 결정하는 것은 더 이상 부모의 역할이 아니다. 부모가 어떻게 알 수 있겠는가? 예컨대 나에게 최선인 것이 무엇인지 다른 사람이 어떻게 알 수 있겠는가? 특히 모든 사람이 평등하게 태어났고, 우리 모두에게 창조주가 몇몇 양도할 수 없는 권리를 부여했으며, 그 권리 중에는 생명과 자유와 행복의 추구가 있다는 걸 고려할 때 다른 사람에게 가장 좋은 것이 무엇인지 누가 알 수 있겠는가?

따라서 권리 침해는 저 멀리 먼 나라에서만 벌어지는 현상이 아니라, 우리 주변에서도 비일비재하게 벌어지는 사건이다. 우리 주변의 권리 침해도 제대로 해결하지 못하면서 멀리 떨어진 나라에서 벌어지는 인권 침해를 해결할 수 있겠는가! 바깥 세상은 우리 주변 세계의 반영일 뿐이다.

이런 이유에서 나는 미국 건국의 아버지들이 남긴 현명한 말을 곰곰이 생각하고 묵상할 가치가 있다고 생각한다.

"우리는 다음과 같은 사실을 자명한 진리로 받아들인다. 즉 모든 사람은 평등하게 태어났고, 창조주는 몇몇 양도할 수 없는 권리를 부여했으며, 그 권리 중에는 생명과 자유와 행복의 추구가 있다."

미국 독립선언문을 집필한 사람들은 인간조건의 핵심을 꿰뚫어보았다. 그들은 모든 사람의 마음속에 자유를 향한 욕구가 있다는 걸 알고 있었다. 우리 모두가 자유를 소망하고, 자신에게 적합한 방식으로 행복을 추구할 권리가 있다는 것도 알고 있었다. 자유와 행복을 추구할 권리는 우리 모두의 마음속에 자리 잡은 기본적인 욕구이며 본성이기 때문이다.

따라서 이 권리를 침해받는다면 우리의 인간다운 본성을 침해받는 셈이다.

나는 분노하는 것인가,
나를 지키고 있는 것인가?

이번에는 인간관계에서 상당히 다루기 힘든 문제 중 하나인 분노, 특히 여성의 분노에 대해 살펴보자. 나는 환자들을 상담하며 많은 여성이 분노하는 걸 두려워한다는 것을 배웠다. 분노는 많은 여성들이 절대로 범해서는 안 되는 금기로 여겨지고 있다. 남자는 화를 내도 상관없지만, 여자가 화를 내면 뭔가가 잘못되었다는 식이다. 따라서 당신이 여성이고 누군가 당신이 화를 낸다고 나무라면, 당신은 십중팔구 "천만에요, 화를 내는 게 아니에요!"라고 대꾸할 것이다.

왜 많은 여성이 이렇게 반응할까? "그래, 정말 화가 나서 미치겠어!"라고 자신 있게 말하지 못하는 이유가 무엇일까? 왜 많은 여성이 수줍게 고개를 숙이며, "내가 화를 내는 거냐고요? 천만에요! 그렇지 않아요!"라고 변명할까?

그것은 분노가 여성답지 못한 짓이라 배웠기 때문이다. 하지만 화를 내는 게 정말 여성답지 못한 짓일까? 많은 여성과 마주보고 앉아 상담해서 얻은 교훈에 따르면, 대부분의 여성이 이런 가르침을 당혹스럽게 받아들이는 듯하다. 따라서 이 문제를 면밀하게 살펴볼 가치가 있다.

먼저 우리가 기억해야 할 사실은, 서구 세계는 남자와 여자를 평등한 존재로 여기는, 이른바 자유사회라고 인정되지만 우리 모두 가부장적 배경을 지니고 있다는 점이다. 달리 말하면, 남자는 주도적인 위치에 있고 여자는 남자를 받들어 모시고 섬겨야 한다는 전통적인 사고방식이 우리를 지배해왔다. 세상이 오랫동안 이런 식으로 인간을 프로그래밍해왔다는 게 현실이다. 따라서 서구 세계에서 지금 모두가 자유롭고 평등하다고 말하더라도 나는 이 말이 정말 진실인지 의문을 품지 않을 수 없다. 오랜 시간 동안 인간을 지배하던 그 믿음이 지난 40년 동안 집단의식에서 정말 깨끗이 사라졌을까 의심스럽다. 우리 모두가 정말 자유롭고 평등할까 의문을 품지 않을 수 없다.

당신도 나처럼 매일 많은 여성들에게 그들의 이야기를 들을 기회가 있다면, 가부장적 프로그램이 여전히 강력하게 존재하며 위력을 발휘하고 있다는 걸 쉽게 확인할 수 있을 것이다. 내가 이렇게 말하는 이유는, 여성도 인간이기에 '분노'를 느낄 수 있지만 아직 많은 여성이 그런 감정을 느끼는 걸 무척 거북하고 불편하게 생각하기 때문이다. 역사적인 관점에서 접근하면, 여자의 '분노'가 용인되지 않는 이유를 쉽게 이해할 수 있다(여자의 분노는 자칫하면 평지풍파를 일으킬 수 있기 때문이다). 또 분노가 과거에는 물론, 지금도 여성적인 미덕으로 여겨지지 않는 이유도 어렵지 않게 이해된다(여자가 자기가 원하는 대로 모든 것을 하면 평지풍파를 일으킬 수 있다).

따라서 많은 여성이 화를 낸 것이냐고 지적받는 걸 두려워한다. 또 자기만의 힘을 지니고, 여성적이지 않고, 손가락질 받는 것도 두려워한다. 따라서 주변 사람들이 자존심을 건드리며 나무라는 경우에도 과감하게 '아니요!'라고 반박하는 걸 두려워한다. 그들에게 분노라는 감정을 두려워하는 이유가 무엇이냐고 물으면, 그들을 모질게 대하며 학대하는 사람들처럼 행동하고 싶지 않기 때문에 화를 내고 싶지 않은 거라고 대답한다. 하지만 이 대답이 진심일까? 그들도 그들의 자존심을 짓밟는 사람들과 똑같지 않을까?

이 의문에 답하려면, 실제로 진행되는 과정을 면밀하게 분석해야 한다. 그런 상황에서 여성이 느끼는 에너지가 정말 분노일까? 아니면, 자신을 방어하려는 본능적인 내면의 힘을 느낀 것에 불과한 것이 아닐까? 만약 당신이 이런 상황에서 화가 치밀어 올랐다면 어떻겠는가? 정말 그 감정이 분노였다고 확신할 수 있는가? 누군가에게 자신의 경계를 침범당할 때 자신을 보호하고 지키려는 원초적인 충동에 불과한 것일까? 그런 충동이 공격성을 띠어도 괜찮다. 하지만 당신 자신을 돌보고 지키려는 것도 공격적인 태도일까? 그렇다면, 나는 그 대답에 의문을 제기하지 않을 수 없다. 나라면 그런 의문들에 '아니요!'라고 대답할 것이기 때문이다. **자신을 지키고 돌보려는 행위는 공격적인 태도가 아니다.**

그 충동적인 에너지는 건전한 것이다! 건전한 자기방어이기 때문이다. 자신을 돌보고 지키는 것은 자연권이고 생득적인 욕구이기 때문에 공격적인 태도와 같지 않다. 누군가 다른 사람의 경계를 침범할 때 공격적인 반발이 있는 것이지, 자신을 지키고 보호하려는 반발은 공격적인 태도가 아니다.

따라서 분명하게 구분할 필요가 있다. 당신이 상대의 경계를 침범할 때, 예컨대 자신의 영역을 지키고 혼자 힘으로 결정하는 상대의 권리를 침범할 때 공격과 공격적인 분노는 뒤따른다. 그런 반발은 공격이다. 반면에 당신이 다른 사람의 공격으로부터 자신을 지키기 위해 느끼는 강력한 충동은 공격이 아니다. 두 감정은 똑같은 것이 아니다. 똑같은 것으로 취급할 수도 없고 취급해서도 안 된다. 이 둘을 명확히 구분하는 것이 중요하다. 예컨대 어떤 여성이 모욕을 당하더라도 자신을 지키려는 자연스런 충동을 '분노'라 생각하면, 그 감정을 부정적이고 부적절하다고 판단함으로써 그 에너지를 마음껏 발산하며 자신을 지켜내지 못할 위험이 크다. 따라서 그녀는 이 본능적인 에너지를 내면에서 꼭꼭 억누를 것이다(이런 상황에서는 유일하게 눈물이 이 에너지를 발산하는 합법적인 방법이기 때문에 대부분의 여성이 눈물과 울음으로 대체한다).

따라서 당신이 어떤 에너지를 내면에 억누르며 외부로

발산하는 대신에 눈물로 대체한다면, 먼저 당신의 내면을 면밀히 살펴보며 당신이 느끼는 감정이 정말 '분노'라고 부를 수 있는 것인지 의문을 품어보라. 당신이 정말 화난 것이라 확신하는가? 당신 자신을 지키려는 자연스럽고 건강한 충동을 느끼는 것에 불과한 것은 아닌가? "진절머리가 나! 제발 그만해!", "내 마음에 들지 않아!"라고 말하고 싶은 본능적인 욕구를 느낀 것에 불과한 것은 아닌가? 이 충동이 지나치게 강렬해서 때로는 공격적으로 느껴지더라도 당신의 경계가 침범당할 때 당신 자신을 돌보고 지키려는 기본적인 욕구라면 공격적인 태도가 아니라고 말할 수 있다.

따라서 이런 충동이 다음에 다시 닥치면, 마음을 가라앉히고 내면을 면밀히 살피며 '내가 정말 화가 난 것일까?'라고 자신에게 물어보라. 그래도 여전히 '그렇다'라고 대답하게 된다면, '적절한 분노'와 '부적절한 분노'인지 구분할 수 있어야 한다. '분노'라는 단어를 어떻게 정의하느냐에 따라 달라질 수 있지만, 많은 여성들이 한계를 설정해두고 자신을 먼저 지키려는 생각은 올바르지 못하다는 역사적인 프로그래밍에서 분노에 대한 불안감이 비롯된다고 확신한다. 그렇다고 여성이 내면의 충동을 적절하게 표출하는 방법을 배울 수 없다는 뜻은 아니다.

선을 무시하는 사람과

벽을 쌓는 사람

누구와도 좋은 관계를 맺고 싶
다면 건강한 경계를 지키는 게 중요하다. 배우자와 자식, 어
머니와 아버지, 친구와 직장 동료 등 누구와의 관계에서도
마찬가지다. 건강한 경계를 지키지 못하면 상대와 관계를
맺고 진정한 친교를 유지하기가 어렵다. 그럼, 건강한 경계
를 지킨다는 게 무슨 뜻일까?

건강한 경계를 지키면, 나는 나고, 상대는 상대라는 걸 이
해하게 된다. 요컨대 누구나 그 자리에 본연의 자신으로 존
재할 권리가 있다는 걸 깨닫게 된다. 달리 말하면, 누구에
게나 혼자 힘으로 선택하고 자신의 생각과 말과 행동의 결
과를 경험할 권리가 있다는 뜻이다. 건강한 경계를 지킬 때
우리는 이런 원칙을 깨닫고, 누구에게나 자신에게 적합한
방식으로 존재하며 행동할 권리가 있다는 사실을 존중하게
된다.

건강한 경계를 지킬 때 우리는 타인의 권리를 존중하고,
타인도 우리 권리를 존중해주기를 기대한다. 하지만 **당신
이 누군가에게 조언을 특별히 구한 것도 아닌데 그가 당신에
게 어떻게 생각하고 어떻게 말하고 어떻게 행동해야 한다고
말한다면, 그는 당신의 경계와 권리를 존중하지 않는 것이다.**
이 경우는 경계를 침범하는 전형적인 사례며, 그 때문에 당
신은 기분이 그다지 좋지 않을 것이다. 당신이 소중한 대접

을 받는다는 것은 누군가 경계를 침범할 때 그 사실을 인정한다는 뜻이며, 당신이 상대에게 조언을 구하고 싶을 때 분명하게 당신의 뜻을 표현할 수 있다는 뜻이다. 하지만 이 관계는 쌍방향의 관계다. 달리 말하면 당신도 상대를 존중하며, 상대가 당신에게 특별히 조언이나 의견을 구하지 않으면 상대에게 어떻게 생각하고 말하며 행동해야 한다고 말해서는 안 된다는 뜻이다. 요컨대 당신도 상대의 경계를 침범해서는 안 된다.

상대의 경계를 존중하지 않는 사람은 대체로 두 부류로 나뉜다. 하나는 경계라는 개념 자체가 없는 사람들이다. 아무런 생각 없이 상대에게 어떻게 생각하고 행동하라고 말하는 사람, 또 먼저 요구받지 않았는데도 상대에게 어떻게 생각하고 행동하라고 말하는 사람이 여기에 속한다. 여하튼 두 유형 모두 경계라는 개념이 없는 사람들이다.

다른 하나는 벽을 세우는 사람들이다. 너무 자주 경계를 침범당한 탓에 아예 담을 높게 쌓아 누구도 가까이 다가오는 걸 허락하지 않는 사람이 여기에 속한다. 안타깝게도 이 경우에는 자신의 진정한 모습조차 보여주지 못하게 된다.

물론 경계가 없는 유형과 담을 쌓는 유형을 오락가락하는 사람도 있다. 이 유형에 속하는 사람도 다른 사람과 밀접하고 건강한 관계를 맺기 힘들며, 진정한 친교를 맺어 상호존중하며 본래의 모습을 서로 공유하기 어렵다.

　건강한 경계를 지킨다는 게 무엇을 뜻하는지 이해할 때, 우리는 정직하게 소통하며 각자에게 적합한 방법으로 행동하고 말하는 우리 자신과 타인의 권리를 존중할 수 있게 된다. 또한 우리가 스스로 선택할 권리를 다른 사람이 간섭하려고 할 때 우리 자신을 더욱더 소중하게 생각하는 방법도 배울 수 있을 것이다.

15

단호할 권리

당신에게 허용된 단호할 권리가 무엇인지 아는가? 어떤 경우에나 우리에게는 본연의 모습을 유지하고 한계를 설정해서 자신을 안전하게 지킬 권리가 있다. 마누엘 스미스가 《죄책감 없이 거절하는 용기 When I Say No, I Feel Guilty》에서 제시한 단호할 권리들을 하나씩 곰곰이 뜯어보라. 제대로 이해되지 않으면 스미스의 멋진 책을 읽어보기 바란다. 그는 이 개념을 무척 설득력 있게 설명하며, 일상의 삶에서 쉽게 응용할 수 있도록 흥미로운 사례까지 제시해두었다.

우리에게는 자신의 행동과 감정을 판단하고, 그 시작과 결과가 자신에게 미치는 영향에 대해 스스로 책임질 권리가 있다.

우리에게는 우리의 행동이 옳다는 것을 굳이 설명하거나 변명하지 않을 권리가 있다.

우리에게는 다른 사람의 문제를 해결할 방법을 찾아내야 할 책임 여부를 판단할 권리가 있다.

우리에게는 생각을 바꿀 권리가 있다.

우리에게는 실수를 저지를 권리가 있다. 또 그 실수에 대해 책임질 권리도 있다.

우리에게는 "모르겠다."라고 말할 권리가 있다.

우리에게는 다른 사람의 선의에 좌우되지 않고 그 선의
를 거부할 권리가 있다.

우리에게는 불합리하게 결정을 내릴 권리가 있다.

우리에게는 "이해되지 않는다."라고 말할 권리가 있다.

우리에게는 "나와는 상관없다."라고 말할 권리가 있다.

_마누엘 스미스, 《죄책감 없이 거절하는 용기》 중에서

하마터면 행복을 모르고 죽을 뻔했다

우리에게는
실수를 저지를 권리가 있다.
또 그 실수에 대해
책임질 권리도 있다.
우리에게는 "모르겠다."라고
말할 권리가 있다.

차분하고 결연하게
'노'라고 말하기

상대와 의견이 달라 '노'라고 말하고 한계를 설정하는 것도 그런 의도를 적절하게 표현할 수 있다면 얼마든지 가능하다(물론 상대가 만취상태가 아니고 폭력적이거나 통제불능인 상태가 아니어야 한다. 오히려 이런 경우에는 최대한 빨리 그 자리를 피하는 게 상책이다).

그러나 일반적인 상황에서 우리가 다른 사람들과 관계를 맺고 의사소통을 할 때 부딪치는 문제는, 우리가 바람직한 방향으로 대화하고 단호하게 자신의 의견을 표현하는 방법을 배우지 못했기 때문에 발생한다. 하지만 바람직한 대화법을 배우면 다른 사람과 의견이 다른 경우에 '노'라고 말하고 한계를 설정하며 자신을 우선시하는 게 훨씬 더 쉬워진다.

올바른 대화법은 어떤 것일까?

어떤 사람이 당신에게 다가와 자신의 의견을 제시할 때 그 의견이 당신 생각과 다를 경우에 어떻게 해야 할까? 이런 경우, 당신의 대답은 대체로 두 부분으로 이루어진다. 앞부분은 상대의 입장을 인정하고 뒷부분에서는 당신의 의견을 제시하는 것이다. 예를 들면 다음과 같다.

당신 생각을 충분히 이해합니다. 그런데 나에게는 적합하지 않은 것 같습니다.

당신 의견에 충분히 공감합니다. 하지만 나는 정말 관심이 없습니다.

내 입장을 고려해주서서 감사합니다. 하지만 내 대답은 여전히 '노'입니다.

이처럼 상대의 의견을 인정하고 이해한다고 말하고, 심지어 상대의 관심에 감사하는 마음까지 먼저 표현하기 때문에 위의 방법은 상대의 의견과 요구를 무난하게 거절할 수 있는 좋은 방법이다. 당신 생각을 이렇게 전달한 후에는 상대의 요구를 좀 더 확실하게 거절하는 반응을 보일 수 있다. 더 구체적인 예를 들어보자.

_____ 예 1

상대 바바라, 당신이 이번 금요일에 있는 작은 모임에 참석하면 정말 좋겠어. 이제 조금씩 외출해서 새로운 사람을 만나는 게 좋지 않을까?

바바라 내 생각을 해줘서 정말 고마워요. 하지만 금요일 저녁에는 안 돼요.

상대 하지만 바바바, 당신이 함께하면 정말 좋겠어.

바바라 정말 고마워요. 그처럼 생각해줘서. 그래도 그날 저녁에는 갈 수 없어요.

_____ 예 2

상대 바바라, 내 생각에는 당신이 그 일을 받아들여야 해. 당신에게 정말 안성맞춤이라고.

바바라 당신 생각에 충분히 공감해요. 하지만 나에게 적합한 일이 아닌 것 같아요.

상대 하지만 바바라, 이 일이 당신에게 정말 좋은 기회라는 걸 모르겠어? 정말 많은 걸 배울 거라고.

바바라 내 입장을 고려해주셔서 정말 고마워요. 하지만 나한테 적합한 일이 아닌 것 같아요.

이처럼 단호히 당신 의견을 제시하며 자신을 지키려 할 때, 상대도 언젠가 당신의 의견에 반대할 수 있을 거라는 점을 기억해야 한다. 단호하다는 의미가 논쟁에서 이긴다거나, 당신 생각이 옳다는 뜻은 아니다. **단호하다는 것은 당신의 의견을 스스로 존중하고 명확하게 표현한다는 뜻이다. 승패의 문제와는 거리가 멀다. 따라서 상대의 관점을 경청하고 인정해야 한다**("당신 생각이 맞을 수 있습니다"). **그 후에 당신의 입장을 명확히 밝히면 된다**("나한테는 적합하지 않은 것 같습니다"). **당신의 의견을 말할 때 상대가 당신의 의견을 받아들일 거라고 기대하지 마라.** 상대가 완강히 버틸 가능성이 크다. 따라서 상대가 당신을 어떻게든 설득하려고 말다툼을 벌이거나 다시 요구할 거라고 예상하라. 상대가 자신의 의견을 거듭 주장하더라도 겁먹지 말고 당신의 의견과 관점을 다시 말할 수 있어야 한다. 차분하되 결연하게! 새로운 방법으로 설명하거나 설득할 방법을 생각해내려고 애쓸 필요도 없다. 조금 전에 했던 말을 그대로 반복해도 충분하다. "내 생각을 해줘서 정말 고마워요. 정말 고마워요. 하지만 금요일 저녁에는 안 돼요." 당신 입장을 견지하면서 당신 의견을 거듭해서 제시하라. 결국, 당면한 문제에 대한 당신의 생각과 감정은 당신이 책임질 몫이고, 상대의 생각과 감정은 상대가 책임질 몫이다. 누구에게나 자신의 감정과 의견을 표현할 권리가 있다. 또한 당신이 그런 생각을 갖고 그런 철학과 믿음을 갖는 이유를 구차하게 변명하고 설명할 필요도 없다(당신의 입장을 설명하고 싶은 경우가 있겠지만 굳이 그럴 필요가 없다는 걸 반드시 기억해야 한다. 당신에게는 당신답게 처신할 권리가 있다).

요약하면 다음과 같은 점들을 기억해야 한다.

당신 입장을 가능한 한 명확히 밝혀라.
공손하되 결연한 태도를 견지하라.
상대가 당신 의견을 받아들일 거라고 기대하지 마라.
상대의 의견을 경청하라.

두려워하지 말고 당신 의견을 거듭해서 주장하라. 공손하되 결연하게.

상대를 공격하거나 비난하지 마라.

당신의 입장에 충실하라.

당면한 문제에 대한 당신의 생각과 감정은 당신이 책임질 몫이다.

당면한 문제에 대한 상대의 생각과 감정은 상대가 책임질 몫이다.

당신의 선택과 의견 등을 구차하게 변명하고 설명할 필요가 없다.

상대에게 당신이 그의 말을 열심히 듣고 이해하려고 애쓰는 자세를 보여주라.

상대가 당신의 뜻을 따르지 않는다고 해서 그를 틀렸다고 비난해서는 안 된다.

당신이 틀렸을 거라고 자책해서도 안 된다.

당신의 권리와 의견 및 관점을 유지하면서도 상대의 의견을 인정하는 좋은 방법이 있다. 예컨대 다음과 같은 식으로 말해보라.

당신 기분을 충분히 이해할 수 있습니다. 그런데 내 경험에 따르면…

당신 말이 맞을지도 모릅니다. 나도 그렇게 하고 싶은데…

당신 입장을 이해할 수 있습니다. 그런데…

이 문제에 대한 당신 입장을 존중합니다. 그런데…

나도 당신 의견에 찬성하고 싶지만 당신의 친절한 제안을 거절할 수밖에 없는 이유가…

당신 의견에 충분히 공감합니다. 그런데…

내 입장을 고려해주셔서 감사합니다. 하지만 내 대답은 여전히 '노'입니다.

이처럼 거절하며 자신의 의견을 단호히 견지하려면 연습이 필요하다. 하루 이틀에 배울 수 있는 것이 아니다. 꾸준히 연습해야 한다. 처음에는 상대의 요구를 거절하고 상대의 의견에 반대하는 것도 쉽지 않기 때문에 당신이 말하려는 내용을 되새길 수 있도록 글로 써보는 것도 도움이 된다.

예컨대 누군가 당신에게 다가와서는 뭔가를 요구하는데 당신이 아무런 준비가 되어 있지 않아 어떻게 대꾸해야 할지 모를 경우에는 '타임아웃time-out'을 요청하는 것도 좋은 방법이다. 예를 들어 이 방법이 어떻게 활용되는지 살펴보자.

상대   바바라, 당신이 이번 금요일에 있는 작은 모임에 참석하면 정말 좋겠어. 이제 조금씩 외출해서 새로운 사람을 만나는 게 좋지 않을까?

바바라　내 생각을 해줘서 정말 고마워요. 스케줄을 살펴보고 내일 대답을 해드릴게요.

상대　하지만 바바바, 당신이 함께하면 정말 좋겠어.

바바라　정말 고마워요. 그처럼 생각해줘서. 여하튼 내일 확답을 드릴게요.

이처럼 대답을 늦춤으로써 상황을 단호하게 해결할 방법을 고민할 시간적 여유를 확보하고, 나중에 공손하지만 결연하게 대답하면 된다.

17

균형을 유지하는 태도

소극적 태도	단호한 태도	공격적 태도
회피	균형	다툼
도피	독자적인 힘	공격
순종	활력 유지	지배
자기 영역 축소	자기 문제에 몰입	타인 영역 침범
자신을 비판	자존	타인을 비판
자책	자신의 권리를 지킴	타인을 모욕
자신을 책망	독립	타인을 책망

위의 표에서 보듯이 소극적 태도와 공격적 태도의 양 극
단 사이에는 균형점이 있다. 그 균형점이 단호한 태도다. 단
호할 때 우리는 자신의 문제에 충실하면서 우리 자신과 권
리를 지킬 수 있다. 소극적일 때는 문제를 회피하며 자신을
잘못된 방향으로 몰아간다. 반면에 공격적일 때는 남을 비
판하며 잘못을 남의 탓으로 돌린다. 그러나 단호한 태도는
중용(中庸)이다. 달리 말하면, 극단에 치우치지 않고 상황을
해결하면서 자신의 입장을 굳건히 지키는 태도다.

18

나는 남의 일에
참견하는 사람인가?

남의 일에 참견하는 것은 불행으로 가는 지름길이다. 따라서 행복하게 살고 싶다면 이 말을 항상 기억하며 "혹시 내가 남의 일에 참견하고 있지는 않은가?"라는 질문을 거듭해보라. 그런데 '남의 일에 참견하다'라는 말이 정확히 무슨 뜻일까?

자신의 일에 집중할 때 우리는 자신을 책임지고 돌보는 일을 제대로 해낸다. 자신만의 공간에 있으면서 자신 안에서 일어나는 일에 집중하고, 모든 일을 자신에게 유리한 방향으로 끌어가려 애쓴다. 자신이 알고 느끼며 사랑하는 모든 것에 근거해서 가능한 한 최선의 결정을 내리고 최선의 방향으로 행동하려고 애쓴다.

남의 일에 참견하는 순간 우리는 그의 공간에 들어가서, 상대방이 느끼고 생각하며 행동할 것을 예단하고 그것에 대해 그의 면전에서 큰 소리로 말하게 된다. 만약 당신이 이렇게 하고 있다면 남의 일에 참견하고 있는 것이다. 결국, 남의 일에 참견한다는 것은 그가 도움이나 조언을 구하지 않았는데도 그의 공간에 침범한다는 뜻이다.

따라서 '내가 지금 누구의 일에 몰두하고 있는가? 내 일에 신경을 쓰는가, 남의 일에 신경을 쓰는가? 지금 나는 누구를 위해서 판단을 내리고 결정을 내리는가? 나를 위한 행동인가, 남을 대신한 행동인가? 지금 나는 누구를 걱정하고 있는가? 지금 나는 누구를 생각하고 누구를 위해 계획을 세우며 누구를 염려하고 있는가?'라는 질문을 자신에게 거듭해서 던져야 한다.

이쯤에서 당장 이 책을 덮고 다음과 같이 자신에게 묻고 싶은 사람이 있을 것이다. 지금 내 머릿속에는 누가 있는가? 나는 지금 누구를 걱정하는가? 대체 어떤 걱정일까? 내가 지금 그 사람 옆에 있고, 그는 지금 이 순간 삶과 죽음의 기로에 서 있는 데다 나만이 그를 구할 수 있기 때문에 그 걱정이 실질적이고 구체적인 것인가? 아니면 궁극적으로 결정을 내릴 사람은 내가 아닌데도 내가 괜히 그의 영역까지 침범해서 판단을 내리고 조언하려는 것은 아닐까?

이런 식으로 생각을 이어가는 것도 무척 흥미롭다. 또 우리가 하루를 보내면서 가족, 친구, 직장 동료들과 어떻게 지내는지 객관적으로 관찰해보는 것도 무척 흥미롭다. 학교에서는 이런 식으로 배워본 적이 없기 때문에 이런 제안이 새롭게 여겨질 것이다. 자신이 무엇을 어떻게 하고 있는지 정확히 알고 있는 사람은 거의 없다. 그러나 행복한 삶을 살고 싶다면 지금이라도 이 메커니즘을 깨달아야 한다. 자신은 물론이고 다른 사람까지 해방시키는 최고의 방법은 '각자가 자신의 일에 집중하는 것'이다. 당신이 지금 무엇을 하고 있으며, 언제 당신의 공간에서 벗어나는지 눈여겨보

라. 다른 사람이 어떻게 행동해야 하는지에 대한 당신의 생각과 투영을 거둬들이려고 의식적으로 노력해야 한다. 그리고 당신 자신에게 집중하라(이렇게 할 때 모두 도움이 된다. 또한 무엇이 최선인지 결정하는 역할을 그 자신과 우주와 절대자에게 돌려주는 것이다).

이 메커니즘을 이해하고 **우리가 지금 무엇을 하고 있는지 눈여겨보기 시작하면, 우리가 의외로 많은 시간을 우리만의 공간에서 벗어나 남의 일에 참견하고 있다는 사실에 놀라게 될 것이다. 그렇더라도 실망할 것은 없다. 이 메커니즘의 존재를 알았다는 것만으로도 변화의 원동력이 될 수 있다.** 우리가 지금 무엇을 하는지 의식하기 시작하면 투영을 거둬들이는 메커니즘이 자동적으로 작동한다. 그와 동시에, 우리가 다른 사람에게 바람직하다고 강요하는 생각마저도 거둬들여 그들이 스스로 결정하도록 내버려둔다. 이 메커니즘을 깨닫는 순간, 그들에게 진정으로 바람직한 것이 무엇인지 우리가 알 수 없다는 게 명백해진다. 내 경험에 따르면, 우리가 다른 사람을 위해 무엇인가를 할 수 있다는 생각 자체가 우리에게 고통과 번민을 안겨주는 원인이다.

그럼 "누구의 문제로 고민하고 있는가? 남의 문제인가, 당신의 문제인가?"라는 의문이 남는다. 이 질문을 수시로 자신에게 던지며 자신을 되돌아보기 바란다.

19

당신을 위한 '평안의 기도'

지금 우리 눈앞에서 전개되는 사건은 그렇게 전개될 수밖에 없는 것이다. 지금과 달라서도 안 되고, 당연히 다르지도 않다. 그럼 이런 의문이 생긴다. 지금 전개되는 상황이 탐탁지 않게 생각되면 내가 뭔가를 할 수 있는 게 있을까? 그렇다면 황홀하겠지만, 그렇지 않다면 흐름을 따라 즐기는 편이 낫다. 이런 생각을 할 때마다 '평온의 기도'가 떠오른다.

주여, 우리에게 우리가 바꿀 수 없는 것을 평온하게 받아들이는 은혜와 바꿔야 할 것을 바꿀 수 있는 용기, 그리고 이 둘을 분별하는 지혜를 허락하소서.

내가 아는 사람 중에는 이 기도를 사랑하지 않는 사람이 없다. 우리 모두가 '평온의 기도'를 한없이 사랑하면서도 이 기도의 가르침을 실천하기가 어려운 이유가 무엇일까? 내 생각에는 많은 사람이 다른 사람의 일에 간섭하는 게 자신에게 부여된 당연한 임무라고 생각하는 것이 한 원인이다. 하지만 우리가 괜히 남의 일에 간섭하고 있다는 사실을 깨닫고, 그런 행동이 부질없는 짓이란 사실을 깨닫는 순간, 자신에게 돌아와 자신을 돌보는 데 전념하게 될 것이다. 그렇게 되면, 우리는 평온의 기도에 쓰인 가르침대로 행동할 수 있을 것이다.

PART 3

20 ———————— 34

마음에도 다이어트가
필요하다

20

죽음은 가장 멋진
모험일 수도 있다

사건과 그 사건에 대한 우리 반응 사이에는 아무런 관계도 없다는 사실을 깨달을 때 진정한 해방이 가능하다. 어떤 경우에도 아무런 관계가 없다. 하지만 대부분의 사람이 자신을 자신의 생각과 철저히 동일시하기 때문에, 어떤 사건이 벌어질 때 어떤 감정을 경험하는 것이 그 사건 자체에 그 감정이 내재해 있다고 믿는다. 따라서 그들은 죽음을 슬픈 것, 질병을 고통스런 것, 이혼을 비극적인 것이라 생각한다. 하지만 죽음은 죽음일 뿐이고, 질병은 질병일 뿐이며, 이혼은 이혼일 뿐이다. 어떤 사건에도 감정이란 것은 내재해 있지 않다. **감정은 우리가 그 사건에 부여하는 것이며, 그 감정은 그 사건에 대한 우리의 해석에서 비롯된다. 따라서 감정은 사건에 내재해 있는 것이 아니라, 주변에서 일어나는 사건에 대한 우리의 해석이나 의견에서 비롯되는 결과에 불과하다.**

어쩌면 죽음은 가장 멋진 모험이 될 수 있고, 질병은 우리 삶을 송두리째 바꿔놓을 수 있는 극적인 경험, 또 이혼은 최고의 해방 수단일 수 있다(적어도 내 경험에서는!).

내 말이 믿기지 않으면 직접 시험해봐도 상관없다. 어떤 사건을 선택해서 사람이 그 사건에 얼마나 다르게 반응하는지 살펴보라. 예컨대 2010년 4월 아이슬란드의 대규모 화산 폭발로 하늘을 뒤덮은 화산재 때문에 유럽 전역에서 공항이 며칠 동안 폐쇄되었다. 이 사건이 축복이었을까, 저 주였을까? 내가 들은 여러 보도에 따르면, 그 사건의 의미는 사람에 따라 달랐다. 달리 말하면, 그 사건을 어떻게 해석하느냐에 따라 사건의 의미가 달랐다. 많은 사람이 화산재 때문에 공항에서 며칠간 발이 묶였기 때문에 번거롭고 귀찮은 사건이라 생각한 사람이 많았다. 하지만 그 사건을 예기치 않은 선물이며 축복으로 받아들인 사람도 적지 않았다. 나와 개인적으로 친분이 있는 사람들 중에서도 화산재를 사랑한 사람이 셋이나 있었다. 첫째로는 당시 샌프란시스코에 살고 있던 내 막내아들 가족을 방문한 런던의 친구들이었다. 그들은 계획보다 열흘 후에나 런던으로 돌아갈 수 있어, 항공료를 추가로 지불하지 않고도 휴가를 연장해서 즐겼다. 이집트로 휴가를 떠났던 친구도 마찬가지였다. 그는 5성급 호텔에서 무료로 닷새를 더 보냈고, 그의 상사는 불만스러웠겠지만 그런 자연재해에서 누구를 원망할수 있었겠는가. 마지막은 미국 오리건 주에 살고 있었지만 당시 스웨덴 웁살라로 임종을 앞둔 언니를 방문한 여자였다. 그녀는 미국으로 돌아갈 수 없어 사랑하는 언니의 임종을 지켜볼 수 있었다. 아이슬란드 화산 대폭발은 좋았던 사건일까, 나빴던 사건일까?

그들은 죽음을 슬픈 것,
질병을 고통스런 것,
이혼을 비극적인 것이라 생각한다.
하지만 죽음은 죽음일 뿐이고,
질병은 질병일 뿐이며,
이혼은 이혼일 뿐이다.
어떤 사건에도 감정이란 것은
내재해 있지 않다.

21

행복이란 무엇인가?

행복에 관련한 많은 주장이 있지만, 행복한 삶에 대해서는 나만큼 잘 설명할 수 있는 사람이 없을 듯하다. 기본적으로 행복은 두 가지 종류가 있다. 첫째로는 우리가 뭔가에 성공하거나 승리한 경우, 또 일을 훌륭하게 해내고 부모나 자식을 즐겁게 해준 경우에 경험하는 행복이 있다. 이런 행복은 외적인 상황과 사건 및 사람에서 비롯되는 것이다. 물론 이런 행복은 재밌고 즐겁지만, 사건과 사람이 달라지거나 외적인 상황이 바뀌면 물거품처럼 사라지는 행복이다. 이 메커니즘을 알고 있는 한 크게 문제시될 것은 없고, 행복 자체를 즐길 수 있다.

다른 하나는 우리의 진정한 본성 또는 삶의 본질로서의 행복이다. 이런 행복은 외적인 상황과 사람과 사건에서 영향을 받지 않기 때문에 우리의 잘잘못으로 그 행복을 얻거나 잃는 것은 아니다.

이 행복은 지금의 우리며, 우리의 진정한 본성이다. 이 **행복을 경험하려면 현재에 충실해야 한다. 그러면 '행복'이란 더없이 즐거운 상태가 우리의 현실이 된다.** 이 순간, 여기에 완전히 충실한 상태며, 평화롭고 충만하며 편안하고 즐거운 상태다. 하지만 우리는 미래를 투영하거나 과거에 매몰되어 살기 때문에 지금 이 순간에 존재하는 즐거움을 놓치고, 우리의 진정한 본성인 더없는 행복을 누리지 못한다.

지금 행복하십니까?

"행복합니다!"라고 대답할 수 있다면 다행이다. 하지만 이렇게 대답하지 못한다면, 잠시라도 모든 것을 멈추고 그 이유를 생각해보고 싶을 것이다.

지금 이 순간 당신의 행복을 방해하는 것이 무엇인가? 지금 이 순간의 놀라운 즐거움과 기쁨, 당신이 지금 여기에 있다는 행복을 방해하는 것이 무엇인가? 잠시라도 모든 것을 멈추고 이런 생각을 해보는 것도 놀라운 효과를 기대할 수 있는 정신 훈련이다. 이런 시도를 할 때마다, 즉 다른 모든 일을 멈추고 현재에만 충실해서 이 순간의 경이로움과 북돋움을 느낄 때마다, 현재의 행복을 경험하는 걸 유일하게 방해하는 요인은 당신의 머릿속에서 꿈틀대는 생각, 예컨대 뭔가가 일어나야만 한다거나 반대로 절대로 일어나서는 안 된다는 생각이란 사실을 깨닫게 될 것이다. 예외 없이!

따라서 그런 생각을 잠시라도 중단하면 어떤 일이 벌어지는지 살펴보라. **잠시라도 당신 자신을 지금 이 순간에 있게 해보라.**

어떤 기분인가?

이제 행복한가?

비판의 두려움을 없애는 법

비판을 이겨내려면 어떻게 해야 할까? 대체 비판이란 무엇일까? 웹스터 사전의 정의에 따르면, '비판하다to criticize'는 "…의 장점과 단점을 판단하거나 논평하다"라는 뜻이다. 그러나 이 정의를 곰곰이 생각해보면 비판은 한 사람이 어떤 상황이나 사건에 대한 자신의 생각을 다른 사람에게 말하는 것일 뿐이다. 따라서 당신을 비판하는 사람은 어떤 상황이나 사건에 대한 자신의 생각을 당신에게 말하는 것일 뿐이다. 이런 점에서 '비판'이라 일컬어지는 것은 다른 사람의 의견에 불과하다. **그의 의견이 우리 의견과 다를 때 우리는 그의 의견을 비판이라 부른다. 그러나 기본적으로 그는 무엇인가에 대한 자신의 생각을 우리에게 말한 것일 뿐이며, 그의 말이 맞을 수도 있고 틀릴 수도 있다. 그 이상의 의미는 없다.** 하지만 비판에 대한 우리 반응은 완전히 다르다.

나는 비판을 이겨내는 문제가 무척 까다롭다는 걸 일찌감치 깨달았던 까닭에, 비판이 무엇이고, 비판에 어떻게 대응해야 하는가를 연구하는 데 그동안 많은 시간을 투자했다. 내가 찾아낸 결론에 따르면, 누군가 우리를 비판할 때 우리는 대략 세 가지 방법으로 대응한다.

누군가 당신에게 "너는 코끼리야!"라고 말했다고 해보자. 그럼 당신은 이 말에 다음 세 가지 중 하나로 대응한다.

"그래, 맞아."라고 인정한다.

당신은 자신을 다시 살펴보고 "너는 코끼리다!"라는 말이 맞을 수도 있다고 생각한다. 따라서 그 말에 당신도 그런대로 동의하기 때문에 크게 놀라지 않는다.

"아니야, 그렇지 않아."라고 부인한다.

당신은 자신을 다시 구석구석 살펴보고 결코 코끼리가 아니라고 확신한다. 또한 그 말이 사실이 아니라는 걸 분명히 알기 때문에 그다지 놀라지도 않는다. 당신이 코끼리가 아니라는 건 엄연한 사실이다. 설령 다른 사람이 당신을 코끼리라고 생각하려 한다면 그것은 전적으로 그의 문제다.

방어적인 태도를 취하며 당황한다.

이런 반응은 일종의 경종이다. 달리 말하면, 당신이 그 문제에 대해 명확히 모른다는 뜻이다. 예컨대 당신이 자신을 자세히 뜯어본 적이 없기 때문에 당신이 코끼리인지 아닌지 당신 자신도 확신하지 못한다는 뜻이다. 따라서 누군가 당신에게 코끼리라고 말하면 당신은 거북한 기분에 방어적인 태도를 취하고 당황하며 "어떻게 나에 대해 그렇게 말할 수 있지? 내 자존심에 상처를 줬어. 나를 사랑하지 않고 나를 이해하지 못한다는 증거야. 몰인정한 짓이야!"라는 식으로 반응한다. 비판에 이런 식으로 반응하는 사람은 자신에게 무엇이 진실인지 정확히 모르고 있다는 뜻이다. 따라서 당신이 이렇게 반응한다면 당신의 삶에서 이 부분을 정확히 조사해볼 필요가 있다. 당신 자신을 다시 더 자세히 살펴보고 당신이 정말 코끼리가 아닌지 확인해봐야 한다는 뜻이다. 조사가 끝나면 그 말이 사실인지 아닌지 알 수 있을 것이기 때문에 방어적인 태도도 자연스레 사라질 것이다. 따라서 그 후에 누군가 당신에게 코끼리라고 말하면, 당신은 자신이 코끼리인지 아닌지 이미 알고 있기 때문에 별로 당황하지 않을 것이다. 여기에는 어떤 의문점도 없다.

우리가 세 가지 방법 중 하나로만 반응할 수 있다는 걸 알게 되면 비판에 대한 두려움도 조금씩 사라질 것이다. 실제로 비판은 큰 선물이며 성장할 기회이기도 하다. 비판은 우리가 자세히 조사할 시간적 여유를 갖지 못했던 삶의 영역을 명확히 들여다볼 기회를 제공해주기 때문이다. 그 덕분에 무엇이 우리 자신에게 진실인지 알게 된다.

비판이 선물이란 깨달음은 처음에 받아들이기 힘들 수 있지만, 깨달음을 얻고 나면 비판이 즐거운 것은 아니지만 우리에게 최고의 스승 중 하나라는 것도 알게 될 것이다.

24

그는 왜 나를
존중하지 않을까?

다른 사람들이 당신을 '반드시' 어떻게 대해야 하는가를 하나씩 꼽아보기 시작하면 당신은 당연히 자신에 대해 이렇게 생각할 것이다. "다른 사람은 나를 존중해야 한다. 다른 사람들은 나를 이해해야 한다. 다른 사람들은 나를 알아봐야 한다. 다른 사람들은 내 기분을 알아야 한다. 다른 사람들은 나를 사랑해야 한다…." 하지만 현실 세계에서는 누구도 당신 뜻대로 뭔가를 하도록 강요하는 게 불가능하며, 당신을 존중하고 이해하며 지지하고 사랑해야 할 사람은 바로 당신 자신이라는 걸 깨닫게 될 것이다. 그럼 자연스레 다음 질문이 제기된다. 그런데 **왜 당신은 당신 자신을 존중하고 이해하며 지지하고 사랑하지 않는가? 당신이 그렇게 하려는 걸 방해하는 것이 무엇인가? 당신도 당신 자신을 존중하고 사랑하지 않으면서 어떻게 다른 사람이 당신을 존중하고 사랑하기를 기대할 수 있겠는가?**

25

나는 그에게
상처를 줄 수 있을까?

50대로 보이는 한 부인이 상담을 받으려고 나를 찾아왔다. 무척 활달하고 건강한 부인이었다. 그녀는 비즈니스 코치가 되기 위한 훈련을 얼마 전에 끝내고 창업할 기회를 엿보고 있었다. 반면에 남편은 66세로 얼마 전에 은퇴한 터였다. 부부 사이에는 장성한 자녀들과 손자녀가 있었다. 그녀는 남편이 문젯거리라고 하소연했다. 남편이 그녀가 일하는 걸 원하지 않고, 집에서 자신을 돌봐주기를 바란다는 것이었다. 하지만 그녀는 그런 식으로 시간을 보내고 싶지 않았다. 에너지가 넘치는 여자답게 그녀는 하고 싶은 일이 많았다. 그렇다고 남편의 비위를 건드리고 싶지는 않았다. 그녀의 표현을 빌리면 그녀는 "남편의 감정에 상처를 주고 싶지는 않았다."

그런데 정말 그녀가 남편의 감정에 상처를 줄 수 있는 것일까? 그녀가 자칫하면 남편의 감정에 상처를 줄 수 있다는 생각은 감정의 작동에 대한 몰이해를 극명하게 보여주는 증거다. 또한 많은 사람이 고통받는 원인인 몰이해이기도 하다. 그런데 정말 우리가 다른 사람의 감정에 상처를 줄 수 있을까?

그 과정을 자세히 살펴보자. 먼저 사건이 있어야 한다. 사건의 유형에 상관없이, 하나의 사건에 대한 생각은 사람마다 다르다. 따라서 반응도 제각각이기 마련이다. 예를 들어 설명해보자. 이른바 '어젯밤 그가 전화하지 않았다'라고 일컬어지는 사건이다. 당신의 남자 친구가 어젯밤 전화하기로 약속하고는 전화를 하지 않았다. 엄밀히 말하면, 그것이 전부였고 그것이 현실이었다. 하지만 이 현실에서 꾸며질 수 있는 이야기는 무궁무진할 수 있다. 어떤 여자는 남자 친구가 더 이상 그녀를 사랑하지 않아 전화를 하지 않은 것이라 생각하며 우울증에 빠지고, 어떤 여자는 남자 친구가 다른 여자와 함께 있어 전화하지 않은 것이라 생각하며 질투심에 사로잡히며, 어떤 여자는 남자 친구에게 사고가 있었던 게 확실하다고 근거 없는 걱정에 사로잡힌다. 이처럼 **하나의 사건에 대한 해석은 다양할 수 있다.** 여하튼 각각의 여자는 자신의 생각, 달리 말하면 자신의 해석을 경험하게 된다. 하지만 사건은 해석과 상관없이 똑같다. 남자 친구가 전화하지 않았다는 것만이 현실이다.

따라서 우리가 마음을 차분히 가라앉히고 사건을 분석하면 다음과 같은 메커니즘이 확인된다.

사건 → 사건에 대한 개인의 해석과 믿음 → 개인의 반응

대부분의 사람이 위의 메커니즘에서 중간 단계를 의식하지 못한다. 따라서 우리는 사건이 반응을 불러일으킨다

고 생각한다. 그러나 사건과 개인의 반응 사이에는 어떤 직접적인 관계도 없다는 게 현실이다. 반응은 그 사건에 대한 해석에서 비롯된다.

다시 우리 이야기로 돌아가자. 나를 찾아온 부인은 자신의 행동이 남편의 감정에 상처를 줄지도 모른다고 생각하지만 실제로는 그렇지 않다. **남편의 감정에 상처를 줄 수 있는 사람은 남편 자신이 유일하다.** 집에서 빈둥대지 않고 바깥일을 하겠다는 부인의 결정을 남편이 어떻게 해석하느냐에 따라, 부인의 결정을 받아들이는 남편의 감정이 달라진다. 남편은 화를 내고 짜증을 부릴 수도 있겠지만, "만세! 우리 마누라가 최고야, 자랑스러워!"라고 반응할 수도 있다. 설령 남편이 짜증을 부리더라도 그런 반응은, 자신의 부인이라면 당연히 어떻게 행동해야 한다는 남편의 해석에서 비롯된 것이지, 그녀와는 아무런 관계도 없다.

26

그에게 상처를 준 것은
누구인가?

그래도 남편의 감정이 상처를 입으면 어떻게 해야 할까? 물론 그녀가 남편의 감정에 상처를 준 것은 아니다. 남편의 감정에 상처를 준 사람은 남편 자신이다. 부인은 어떻게 행동해야 한다는 남편의 믿음이 현실과 맞아떨어지지 않기 때문에 남편이 스스로 자초한 일이다.

대체 무엇이 잘못된 것일까? 어떻게 해야 남편이 각성해서 현실을 직시할 수 있을까? 어떻게 해야 남편이 한 단계 더 성장하고 현실을 배울 수 있을까? 당신 자신에게 물어보라. 지금까지 당신은 어떻게 성장하고 어떻게 배웠는가? 언제 뭔가를 더 자세하게 깊이 조사하겠다는 의욕을 불태웠는가? 당신의 감정이 상처를 입었을 때 그런 자극을 받지 않았는가? 당신이 뭔가에 정말 기분 나빴던 때였는가? 그때 정말 내면에서 어떤 일이 벌어지고 있는지 의문을 품지 않았던가?

이런 관점에서 이 문제를 다시 살펴보면, 우리 자신에게나 다른 사람에게 무엇이 좋은 것이고 무엇이 나쁜 것인지 우리가 판단할 수 있다는 걸 분명히 깨닫게 된다. 또한 **다른 사람이 어떤 사건 때문에 기분이 상하지 않도록 우리가 조심스레 처신해야 한다는 생각 자체도 순전히 착각에 불과하다**는 걸 깨닫게 된다. 요컨대 당신이 사랑하는 사람을 위해 해줄 수 있는 최선의 것은 당신의 본래 모습을 따르는 것이다. 항상!

우리 마음속에서도
모두가 자유로워야 한다

누구도 노예가 되려고 싸우지는 않는다. 누구나 자유롭기를 바란다. 연령과 성, 피부색과 종교, 국적 등을 막론하고 세계 어디에서나 모두가 자유인이기를 바란다. 이런 바람은 우리 본성이고, 우리는 본래부터 그렇게 프로그래밍되어 있다. 자유는 우리에게 무엇보다 소중한 것이어서, 자유를 얻기 위해 우리는 기꺼이 싸우고 목숨까지 내던진다. 역사상 누구도 노예가 되려고 싸운 적은 없었다. 하지만 우리 마음속에서는 어떤가? 우리가 자유를 정말 그렇게 사랑한다면 마음속에서도 모두에게 자유를 허락하고 있을까? 배우자와 자식, 부모와 친구 등 모두에게 자신의 뜻대로 삶을 자유롭게 선택하고 그 결과를 경험하도록 허락하고 있을까?

사람이 어떻게 변하니?

이런 생각도 많은 사람에게 고통을 안겨주는 주된 원인 중 하나다. 이 생각이 사실이고 현실이기 때문일까? 그렇지 않다. 모든 것이 변한다. 우리 모두가 변한다. 삶 자체가 변화의 과정이다. 따라서 변화를 막으려는 몸부림은 우주의 질서에 저항하는 것이다. 달리 말하면, 당신이 패할 수밖에 없는 싸움이란 뜻이다.

변하지 않아야 한다는 믿음에서 번뇌와 번민이 싹트며, 두 사람의 사이가 조금씩 멀어지기 시작했다. 가령 부인은 자기계발에 관심을 쏟는 반면에 남편은 그런 것에 무심하면 관계가 벌어지기 시작한다. 부인이 갑자기 예전의 모습과 달라지기 때문이다. 자기계발을 위한 책을 읽고 강연을 듣기 시작하면서, 예전에 관심을 가졌던 것들에 초연한 모습을 보인다. 따라서 남편은 부인에게 '변했다'고 불평한다. 부인은 남편의 불평에 죄책감을 느끼며 또다시 변한다. 이 경우, 남편과 부인 모두가 '사람은 변해서는 안 된다'라는 똑같은 생각을 믿는 전형적인 사례다. 그러나 현실은 어떤가? 인간은 끊임없이 변한다!

29

사랑하고 존중하는데
왜 헤어져야 해?

부부 사이가 나빠질 때 여자는 남자와 좋게 헤어지고 싶다고 말한다. '좋은 이혼'을 원하는 것이다. 따라서 이혼을 앞둔 대다수의 여성은 "서로 차분하게 예의를 지키며 얘기를 나누어야 해.", "서로 인격적으로 대해야만 해."라고 말한다. 하지만 이런 이별이 가능할까? 좋은 이혼의 기준이 있을까? 이런 이혼이 가능할까? 대부분의 경우, 그렇게 하지 못했기 때문에 이혼하는 게 현실이다. 그들이 이혼 서류에 도장을 찍는 이유가 무엇이겠는가? 서로 존중하며 대화를 나누지 않았고, 서로 상대를 인격적으로 대하지 않았기 때문이다. 이것이 모든 문제의 발단이었다. 상대의 말을 차분하게 경청하지 않았다. 서로 상대의 경계와 다른 점을 존중하지 않았다. **한쪽이 결국 헤어지기를 원할 때가 되어서야 갑자기 서로 존중하며 대화를 나누고 좋게 헤어지는 게 가능하다고 생각하는가? 이런 바람이 현실적이라 생각하는가?**

"내 배우자라면 나를 이해해야 해!"라고 말한 것과 다를 바가 없다. 거듭 말하지만 현실은 가혹하다. 당신의 배우자가 당신을 이해하지 못하기 때문에 당신과 헤어지려는 것이다! 이것이 현실이다. 그런데 이혼을 앞두고 갑자기 상대가 당신을 이해하고 존중하는 게 가능하다고 생각하는가? 정말 그럴 수 있다고 생각하는가? 현실을 직시해야 한다.

30

몸무게가 나의 가치를
판단하는가?

마른 몸이 행복의 조건이라 생각하는가? 행복하려면 날씬해야 한다고 생각하는가? 정말 그렇게 생각하는가? 대부분의 여성은 이렇게 생각하는 게 확실한 듯하다. 적어도 내가 만나는 여자들은 그렇다. 하지만 이런 믿음은 놀랍기만 하다. 인간으로서 우리의 가치가 몸무게로 결정된다는 생각! 정말 우스꽝스럽지 않은가. 그렇다고 건강하게 먹지도 않고 운동하지 말라는 뜻은 아니다. 하지만 몸무게가 중요하다는 생각이 많은 사람을 짓누르는 강박관념이 되었다. 정말 **당신 몸무게가 당신의 가치를 결정한다고 생각하는가? 어떻게 대답하느냐에 따라 당신은 그 대답대로 살아갈 수밖에 없을 것이다.**

31

나이에 맞게
살아야 한다는 것

당신이 당신의 나이를 모른다면 당신은 대체 몇 살이 되는 것일까? 흥미로운 질문이지 않은가? 당신이 당신의 나이를 모른다면 대체 어떤 기분일까? 스무 살, 열일곱 살, 아흔다섯 살, 또는 다섯 살인 기분일까? 당신이 당신의 나이를 모른다면 어떻게 반응해야 하는지를 어떻게 판단하겠는가? 그래서 혼란스럽지 않을까? 우리는 '나이에 걸맞게 행동하라'고 배웠다. 하지만 당신이 당신의 나이를 모른다면 어떻게, 즉 몇 살답게 반응해야 할지 어떻게 알겠는가?

40대나 50대 또는 60대인 사람이 열일곱 살 청년처럼 행동하지는 않는다. 물론 다섯 살 어린아이나 아흔다섯 살 노인처럼 행동하지도 않는다. 그들은 그 나이에 걸맞게, 즉 '성인'답게 행동해야 한다. 달리 말하면 우리가 열일곱 살일 때 할 수 있는 것과, 우리가 40대나 50대일 때 해야 하는 것이 다르다는 뜻이다.

언젠가 나는 웨인 다이어의 강의에 참석한 적이 있었다. 그때 그는 이런 이야기를 해주었다. 어느 날 그는 아내와 함께 조깅하러 나갔다(당시 웨인 다이어는 55세였다). 그런데 앞에 나지막한 울타리가 있었다. 그가 그 울타리를 뛰어넘으려 하자, 아내가 "위험해요, 뛰어넘을 수 없을 거예요!"라고 소리쳤다. 하지만 그는 이미 울타리를 뛰어넘은 뒤였다.

나중에 그의 아내가 "당신이 그 울타리를 넘을 수 없을 거라고 생각했어요. 당신 나이가 쉰다섯 살이잖아요."라고 말했다. 하지만 웨인 다이어는 "그 나이인 걸 깜빡 잊었소."라고 대답했다.

'나이'라는 개념이 우리를 어떻게 제한하는지, 또 우리가 할 수 있다고 생각하는 것까지 어떻게 제한하는지 살펴보는 것은 흥미로운 과제다. 대체로 우리는 이런 한계를 의식조차 않고 지내지만, 엄연히 존재하는 것은 분명하다.

또 다른 흥미로운 의문도 있다. 만약 당신이 나를 42세라고 짐작한다면 나를 어떻게 받아들일까? 십중팔구 당신은 내가 남편과 자식을 둔 활동적인 여자고 나만의 경력을 구축해가는 여자라고 생각할 것이다.

그런데 내가 49세라고 당신에게 말하면 어떻게 될까? 그때 당신은 나를 어떻게 생각할까? 내가 거의 쉰 살이나 먹은 중년이라고 생각하며, 나에 대한 판단도 약간 달라질 것이다.

또 다시 내가 실제로는 59세라고 당신에게 말하면 어떻게 될까? 내년이면 환갑이란 뜻이다. 나에 대한 당신의 판단이 다시 달라지지 않겠는가? 십중팔구 당신은 '이 여자가 정말 늙었군!'이라 생각할 것이다. 정말 나에 대한 판단이 완전히 달라질 것이다.

142

원하면 행복을 모르고 죽을 뻔했다

내친김에 내가 62세라고 말하면 어떻게 될까? 이쯤 되면 당신은 '꽤 놀라운데. 그 나이에도 상당히 건강하잖아. 또 그런 젊음과 미모를 유지하는 비결이 궁금하군!'이라고 생각할 것이다.

또 내가 69세라고 말하면, 당신은 '오, 상당히 바람직하게 늙은 여자네!'라고 생각할지도 모르겠다.

나이라는 숫자로 상대방을 판단하는 생각이 모두 옳은 것일까? **내가 누구고 무엇을 할 수 있는지에 대한 당신의 생각은, 내가 몇 살이라는 생각에서 비롯된 것이다.** 결국 내 나이가 내 글에 대한 당신의 판단에도 영향을 미칠 것이다.

지금까지 나는 많은 책을 썼고, 그 모든 책에서 마음과 정신이 어떻게 작동하는가를 다루었다. 달리 말하면, 우리의 생각과 판단이 우리 삶의 경험에 어떻게 영향을 미치는가를 다루었다. 지금까지의 연구에서 내가 깨달은 바에 따르면, **우리 사고방식과 세계관이 지금 이 순간 우리의 행복 여부를 결정한다. 무척 간단하지만, 대부분의 사람이 이 비밀을 아직 모르고 있다.**

이런 이유에서, 나이는 이 메커니즘이 어떻게 작동하는가를 보여주는 완벽한 예다. 대부분이 이 메커니즘의 존재조차 모르고 있지만 이 메커니즘이 작동하는 건 분명하다. 내가 '당신이 당신 나이를 모른다면 어떻게 반응하겠는가?'

라는 질문을 제기하며 이 글을 시작했던 이유도 여기에 있다. 달리 말하면, 나이에 대한 우리 선입견의 힘을 지적하고 싶은 마음에 이 질문을 먼저 던졌던 것이다. 나이에 대한 우리 선입견이 우리 행동과 판단에 엄청난 영향을 미친다는 것을 알려주고 싶었던 것이다. 당신도 당신 나이를 모르면 어떻게 행동해야 하는지 몰랐을 것이란 사실을 당신에게 알려주고 싶었다. 30대, 40대, 50대, 60대 등 각 연령층마다 적합한 행동기준이 있으며, 그 행동기준이 우리 행동과 감정 표현에도 영향을 미치며, 심지어 다른 사람을 관찰하고 판단하는 방법에도 큰 영향을 미친다. 정말 놀랍지 않은가!

이쯤에서 우리는 새로운 관점으로 나이에 대해 접근해볼 수 있다. 당신의 지금 나이가 30대, 40대, 50대, 60대 등 어떤 연령층에 있더라도 지금 이 순간부터 당신의 나이를 잊기로 한다면 어떻게 될까? 그럼 당신의 삶과 행동이 어떻게 달라질까? 기분은 어떻게 변할까? 정말 다르게 행동할까? 더 자유로워진 기분일까? 더 젊어진 기분일까, 더 늙어버린 기분일까? 더 현명해진 기분일까, 더 멍청해진 기분일까? 정말 흥미진진한 실험이 되지 않을까? 만약 당신이 몇 살인지 모른다면 당신 자식에게 어떤 식으로 말하게 될까? 또 당신 부모에게는? 또 당신 친구들에게는 어떤 식으로 말하게 될까? 아무도 없는 조용한 곳에 앉아 이런 생각들을 해보라. 흥미로운 실험이 될 것이다.

내 경험이 맞다면, 나이에 대한 생각이 완전히 달라질 것이다! 우리는 지금까지 노화를 일종의 감옥이라 생각해왔다. 하지만 연령과 성별을 불문하고 모두가 자유로워야 한다면 그런 생각은 철저히 잘못된 생각이다. 성별과 종교, 피부색과 연령에 상관없이 모두가 자유로워야 한다! 그렇다면 당신도 자유로워야 하지 않겠는가?

내 출생증명서에 따르면, 지금 내 나이는…! 그래, 내 글로만 판단할 때 당신 생각에 나는 어떤 사람인 것 같은가?

145

32

마음에도
다이어트가 필요하다

————————————————————

입으로 먹는 것도 중요하다. 모두가 한목소리로 그렇게 말한다. 건강하게 먹고 규칙적으로 운동하며 적절한 체격을 유지하는 게 중요하다. 나도 당연히 그래야 한다고 말한다. 하지만 마음의 양식으로는 무엇을 먹고 있는가? 아침부터 저녁까지 당신 자신과 주변 사람들 및 세상에 대해 어떤 생각을 하고 있는가? 건전한 생각이라 자부하는가? 희망과 행복감 및 생명력을 주는 생각인가? 육신을 위한 다이어트만큼이나 마음 다이어트mental diet도 올바르게 행하고 있는가?

화를 누른다고
화가 사라질까?

감정을 드러내는 게 두려운가?
우는 게 두려운가? 불쾌한 감정이 밀려오는 게 두려운가?
당신의 기분을 솔직하게 풀어내는 게 두려운가? 당신이 내
면의 감정을 솔직하게 드러내면 어떤 일이 벌어지겠는가?
당신이 마음속에 차곡차곡 묻어두었던 모든 슬픔과 불만을
하나하나 느낀다면 어떻게 될까? 감정을 주체하지 못하고
완전히 허물어져버릴까? 철저하게 망가져서 다시는 일어서
지 못할까? 그래서 천천히 죽음을 맞는 수밖에 없을까?

우리 모두가 이런 두려움을 갖고 있기 때문에 이런 상상
을 해보는 것도 무척 흥미롭다. 나는 매일 환자들과 마주보
고 앉아, 그들이 꺼낸 이야기와 두려움에 대해 들으며 '우리
모두가 자신의 감정을 무척 두려워한다'라는 사실을 깨달
았다. 내 경험에 따르면, **자신의 감정을 두려워하지 않는 사
람은 단 한 명도 없다. 우리는 감정을 제대로 다스리는 방법
을 몰라 두려워한다.** 우리가 마음속의 감정을 자유롭게 표
출하면 감정의 힘이 너무 강력해서 우리가 감정을 주체하
지 못하고 감정의 노예가 될 것이고, 절망의 쓰나미에 휩쓸
릴 것이라 생각한다. 하지만 이런 생각이 진실일까? 우리가
마음속의 감정에 솔직하면 정말 이런 사태가 벌어질까? 우
리 감정과, 그 감정을 다루는 우리 능력에 대한 진실은 무
엇일까?

우리가 우리의 내면을 신중히 들여다보며, 우리 삶에서 과거에 나쁜 감정을 수없이 경험했고 그로 인한 결과도 경험했다는 걸 깨닫게 될 것이다. 정말 기분이 나빴을 때 어떤 일이 벌어졌는가? 그렇다, 어떤 일도 벌어지지 않았다. 내면을 자세히 들여다보면, 과거에 기분이 나빴을 때, 정말 나빴던 경우에도 약간의 시간이 흐르면 기분이 훨씬 나아졌다는 걸 깨닫게 될 것이다. 그러고는 허기를 느꼈거나, 목욕을 하고 잠자리에 들었을 것이다. 달리 말하면, 어떤 감정 상태도 결국에는 이겨냈다. 그렇다, 당신은 지금껏 많이 울었고 칭얼거렸다. 심지어 울부짖기도 했을 것이다. 하지만 그런 감정 상태가 영원히 지속되지는 않았다. 약간의 시간이 흐르면, 어떤 감정도 사라졌다.

감정이란 원래 그런 것이다. 감정은 결국 물거품처럼 사라진다. 이런 메커니즘을 알아야 한다. 이런 메커니즘을 파악하고 나면 마음이 편해진다. 감정을 억누르면 상황은 더욱 악화될 뿐이다. 감정을 억제하거나 회피하고 부정하면, 이런 '부정적인' 감정이 더욱 강해지며 더 무섭게 밀려온다. 이른바 감정의 역설이란 것이다. 감정을 억누르는 행위는 단단한 뚜껑으로 밀폐된 압력솥에 가둬두는 것과 다를 바가 없다. 압력솥 안에서는 증기가 축적되고 또 축적된다. **감정은 억누르지 않고 겉으로 표출해야 조금씩 빠져나와 결국**

에는 사라진다. 증기를 압력솥에서 빠져 나오도록 하는 것과 똑같다. 증기를 막지 않아야 증기가 당신의 감정 창고에서 빠져나와 파괴적인 힘을 상실하고, 결국에는 완전히 사라진다.

그렇다. 감정이 지나치게 강력해지면 불쾌한 지경까지 발전할 수 있다. 그러나 감정은 위험한 것이 아니다. 이 말을 믿고, 조용히 앉아 감정이 몸 밖으로 빠져나온다고 상상해보라. 감정의 존재를 느껴보고 감정이 서서히 흩어지는 모습을 지켜본다고 상상해보라.

"나도 이렇게 해낼 수 있다. 나도 감정을 마음껏 느끼며 살아갈 수 있다!"

이렇게 확신할 때 감정이 당신 생각의 절반만큼도 나쁜 것이 아니고 위험한 것도 아니라는 사실을 깨닫게 될 것이다. 그로 인한 마음의 위안도 덤으로 얻게 될 것이다.

34

당신은 당신의 감정이 아니다

강력하지만 불쾌하기 짝이 없는 감정을 느끼고 있더라도 그 감정이 당신 자신은 아니라고 의식하면, 그 감정에 휩쓸리지 않는 데 도움이 된다. 정말 그럴까? 그렇다, 감정은 밀려왔다 사라지지만 당신은 여전히 여기에 존재하고 있지 않은가. 지금은 기분이 하늘을 날 듯 즐겁지만, 금세 우울해질 수 있다. 어떤 날에는 웃음이 그치지 않지만 다음 날에는 눈물로 하루를 보낸다. 이처럼 당신의 기분과 상관없이 당신은 언제나 그 자리에 있다. 이것이야말로 우리가 우리의 감정은 아니라는 증거가 아니겠는가.

감정은 밀려왔다 사라진다. 따라서 이제부터 당혹스런 기분이 밀려오면 혼잣말로 이렇게 속삭여보라. "나에게도 감정이 있지만, 내 감정이 나는 아니야. 감정은 왔다가 사라지는 거야!"

이 또한 지나가리라!

PART 4

35 —————————————— 43

언제 현실 속의 사람을
만날 것인가?

자녀들에게서
배울 수 있는 것들

나를 찾아와 상담하는 많은 사람이 십대 자녀를 실수의 늪으로부터 구해내서 그들의 자녀들이 상처받는 걸 예방하고 싶어 한다. 그런데 그런 것이 가능할까? 당신이라면 십대 자녀를 보호하고 지킬 수 있겠는가? 물론 어린아이를 돌보는 수준을 말하는 게 아니다. 당신이 항상 돌보고 지킨다면, 그들이 어떻게 스스로 돌보고 지키는 법을 배우겠는가? 자신의 말과 행동에서 빚어지는 결과를 그들이 경험할 기회를 뺏는다면, 우리의 모든 행동에는 결과가 있다는 걸 그들이 어떻게 배우겠는가? 당신은 이 관계를 어떻게 배웠는가?

잠시 이 문제를 생각해보자. 당신은 이 관계를 어떻게 배웠는가? 당신은 어떤 과정을 거쳐 지금의 당신이 되었는가? 지금까지 살면서 어려움이나 위기가 닥쳤을 때 어떤 일이 벌어졌는가? 당신이 여전히 이 자리에 존재한다는 게 무엇을 뜻하겠는가? 당신이 어떻게든 살아남았고 그 과정에서 많은 것을 배웠다는 뜻이다. 과거를 냉정하게 돌이켜보면, 그 끔찍한 어려움들이 지금의 당신을 만들었고, 지금 당신이 알고 있는 대부분을 가르치지 않았는가? 그렇다면 당신의 십대 자녀는 어떻겠는가? 그들이라고 뭐가 다르겠는가? 당신이 매사에 참견한다면 그들이 어떻게 배우겠는가? 당신이 더 많은 삶을 살았다는 이유로, 당신이 낳은 자식의 지능을 존중하지 않는 행동이라고는 생각하지 않는가?

십대 자녀와 함께 살다 보면 우리도 많은 것을 배운다. **무엇보다, 우리가 삶의 과정에서 터득한 지혜를 자식에게 그대로 전달할 수 없다는 현실을 깨닫게 된다. 그렇다고 우리가 지혜롭게 살지 못한다는 뜻은 아니다. 다만 자식들은 우리 삶을 매일 곁에서 지켜보며, 원할 경우에만 우리 삶에서 뭔가를 배운다. 또 십대 자녀를 통해, 우리는 자식들에게도 각자 고유한 운명의 길이 있다는 걸 깨닫게 된다.** 그 길이 반드시 당신의 길과 같아야 할 이유는 없다. 이런 차이만으로도 멋지지 않은가.

십대 자녀와 함께 살며 깨닫는 또 하나의 진실은 행복한 삶을 위해서는 내려놓아야 한다는 것이다. 요컨대 우리는 누구도 통제할 수 없다.

십대 자녀와 함께 살다 보면
우리도 많은 것을 배운다.
무엇보다,
우리가 삶의 과정에서 터득한 지혜를
자식에게 그대로 전달할 수 없다는
현실을 깨닫게 된다.

지나친 관심과 조언은
건강에 해롭습니다

다른 사람에게 무엇이 최선인지 당신이 잘 알고 있다고 하루 동안 몇 번이나 생각하겠는가? "그녀가 이렇게 해주면 모든 게 원만하게 풀린 텐데.", "그는 이번 일을 이렇게 했어야 했어."라는 식으로 당신은 하루 동안 몇 번이나 생각하는가?

단 하루만이라도 당신이 "그는 이렇게 했어야 했어.", "그녀가 이렇게 해주면 모든 게 원만하게 풀린 텐데.", "그는 이번 일을 이렇게 했어야 했어."라고 생각할 때마다 기록해두면 흥미진진할 실험이 될 것이다. 또 우리 마음이 어떻게 작동하는지 알아볼 수 있는 놀라운 기회가 되기도 할 것이다. 자신이 이렇게 생각하고 있다는 걸 깨닫는 것만도 대단한 발견이다. **당신이 다른 사람의 일에 얼마나 자주 간섭하고 있는지 하루 동안만 살펴보라. 다른 사람에게 무엇이 최선인지 당신이 알고 있다고 몇 번이나 생각하는지 살펴보라. 당신이 어떻게 행동하고 있는지 깨닫는다면 정말 충격일 것이다.**

다른 사람에게 무엇이 최선인지 어떻게 내가 알고 당신이 알겠는가? 우리가 완벽하게 그의 입장에 있는가? 우리가 그의 삶을 살고 있는가? 하느님이 그를 위해 어떤 계획을 갖고 있는지 우리가 어떻게 알 수 있는가? 다시 말하면, 우리가 다른 사람의 상황을 어떻게 속속들이 알겠는가? 우리가 다른 사람에게 무엇이 최선인지 알 수 있다는 생각은 어디에서 시작된 근거 없는 자신감일까? 이런 생각은 오만의 시작이며, 상대의 지능에 대한 모욕이다. 그 사람은 자신의 문제를 스스로 해결할 만큼 지적이지 못하다고 말하는 것이나 다를 바가 없다.

내친김에 **더 충격을 주자면, 우리 자신에게는 무엇이 최선인지 알고나 있을까?**

우리가 다른 사람에게
무엇이 최선인지
알 수 있다는 생각은
어디에서 시작된
근거 없는 자신감일까?
이런 생각은 오만의 시작이며,
상대의 지능에 대한 모욕이다.

당신의 행복

만약 당신의 행복이 배우자나 자식의 행동, 또는 부모의 행동에 달려 있다고 생각한다면, 결국 누가 고통받게 될까? 바로 당신이다! 정말 당신의 행복이 다른 사람의 행동에 좌우된다면 당신이 할 수 있는 게 아무것도 없기 때문이다. 그러나 당신이 추구하는 행복은 당신 자신의 손에 달려 있다. 당신의 뜻에 따라 당신도 얼마든지 행복할 수 있다. 이런 진실을 깨닫는 것만도 좋은 소식 아닌가!

38

가족 모임이 불편한
사람들을 위한 안내문

많은 사람이 가족 모임을 끔찍
이도 무서워한다. 그렇다고 가족 간의 사랑이 부족한 것도 아
니다. 이런 현상은 어디에나 흔히 있는 까닭에, 어쩌면 당신
도 가족 모임을 무서워한 적이 있을지도 모르겠다. 물론 가
족이 서로 지극히 사랑하는 까닭에 그 이유가 궁금할지도 모
른다. 이처럼 가족 모임을 거북하게 생각하는 현상은 크리스
마스와 부활절, 추수감사절 등 전통적으로 가족이 함께 모이
는 날을 앞두고 뚜렷이 나타난다. 부모의 연령에 상관없이 부
모를 만나는 성인, 또 자녀의 연령에 상관없이 성장한 자녀를
만나는 부모가 특히 이런 거북한 감정을 호소한다.

이 거북한 감정은 다양한 원인에서 비롯된다. 이런 감정
이 발생하는 원인을 알아내기만 해도 마음의 평안을 얻는
데 한결 도움이 될 것이기 때문에 그 원인이 무엇인지 살펴
보기로 하자.

마음의 기본적인 메커니즘에 대해 생각해보라. 먼저, 누
구나 자기만의 정신세계 속에서 살아간다는 점을 기억해야
한다. 이것은 보편적인 법칙이다. 달리 말하면, 가족 구성원
모두가 동시에 공유하는 공통된 경험이 하나도 없다는 뜻
이다. 한 사람의 경험은 다른 사람의 경험과 아무런 관계가
없다. 내 경험은 당신의 경험과 아무런 관계가 없다. 어떤
사람은 모든 것이 경이롭다고 생각하며 즐거운 시간을 보

낼 수 있지만, 바로 옆 사람은 완전히 다른 식으로 경험할 수 있다. 따라서 당신은 모든 것이 순조롭게 진행된다고 생각하며 그렇게 경험하더라도 모두가 당신과 똑같이 경험하는 것은 아니라는 점을 기억해야 한다. 반대로 당신이 슬프고 짜증스럽다고 해서 모두가 당신과 똑같이 울적한 기분에 시달리지는 않는다. 우리는 어떤 사건에 대한 자기만의 생각과 해석을 경험할 수 있을 뿐이기 때문이다. 따라서 **가족 간의 공통된 경험이란 것은 없다. 가족의 숫자만큼 다양한 경험이 존재할 뿐이다. 우리는 눈앞에서 전개되는 사건에 대한 다른 사람의 생각이나 해석을 경험할 수도 없고, 경험하지도 않는다. 우리는 자기만의 세계를 경험할 수 있을 뿐이다.**

이 메커니즘을 이해하면, 누구나 자기만의 정신세계 속에 살고 경험하지만 그 세계에는 잘못된 믿음과 생각 및 해석이 있기 마련이고, 그런 믿음과 해석에서는 잘못된 행동이 유발될 수밖에 없다는 인과관계도 자연스레 이해할 수 있을 것이다. 또한 같은 이유에서, 가족이 한자리에 모이면 모임 자체가 구성원들의 충돌을 빚어내는 도화선이 된다. 따라서 가족 모임을 두려워하며 질시하게 된다. 요컨대 가족의 배경과 성장 과정에서 비롯되는 광범위한 문제가 가족 간에 존재하고, 가족 모임이 그 문제를 밖으로 끌어내는 도화선이 될 수 있다는 현실을 인정하는 것이다. 따라서 가족 모임은 모두를 불편하고 거북하게 만드는 행사가 된다!

가족마다 정도의 차이가 있을 뿐, 대부분의 가족이 이처럼 제대로 기능하지 않는다는 게 현실이다. 따라서 삐걱대는 가족 관계를 부끄럽게 생각하지 않아도 된다. 정도의 차이가 있을 뿐 대부분의 사람이 이 때문에 혼란스러워하는 게 현실이다. 따라서 당신의 상황을 부끄럽게 생각하지 않아도 된다. 여하튼 이 말이 진실이라면, 어떻게 해야 이런 상황을 극복해낼 수 있을까?

가족을 만나기 전에 당신이 기억해두면 좋을 몇 가지 조언을 살펴보자.

"다른 사람의 잘못된 믿음을 바로잡을 책임은
당신에게 없다."

가족 중 누군가의 기분이나 경험은 당신이 책임질 부분이 아니다. 누구에게나 고유한 생각과 믿음이 있기 때문에 자기만의 방식으로 느끼고 경험할 권리가 있다는 걸 기억해야 한다. 그들의 행복이나 불행은 해당 사건에 대한 그들의 해석에서 비롯된 결과다. 당신이 그들의 해석을 바꿀 수는 없다. 그들이 그렇게 해석하지 못하도록 당신이 방해하고 나설 수는 없다. 이것은 누구에게나 적용되는 보편적인 법칙이다.

거듭 말하지만, 이것은 누구에게나 무차별적으로 적용되

는 메커니즘이다. 이런 사태를 바로잡거나, 가족 중 누군가의 믿음을 바로잡을 책임이 당신에게 있는 것은 아니다. 당신은 아무것도 할 수 없다는 게 현실이다. 당신의 역할은 그저 당신을 잘 돌보는 것이다. 당신의 경험은 당신만의 경험이라는 걸 깨닫는 것이다. 이런 상황에서 당신을 제대로 돌보는 것이 당신의 책임이다. 다른 구성원까지 돌보는 것은 당신의 책임이 아니다. 그렇다고 다른 사람을 존중하지 말라는 뜻은 아니다. 다만, 다른 사람의 행복까지 당신이 책임질 몫은 아니라는 것이다. 그렇다고 다른 사람에게 친절하고 공손하며, 배려하고 사랑하지 말라는 뜻은 아니다. 당신의 의견을 분명하게 전달하고, 당신에게 합당한 것과 그렇지 않은 것을 명확히 구분하지 말라는 뜻도 아니다.

"당신의 일에 전념하라."

가족이 한자리에 모였을 때 누군가에게 문제가 생기면, 그 문제를 해결할 사람은 당사자다. 그가 심리치료사를 찾아가든지 책을 읽든지 12단계 프로그램Twelve-step program(중독이나 강박충동에 시달리는 사람들에게 도움을 주는 프로그램으로 회원들은 '영적인 원리'로 일컫는다 — 옮긴이)에 참석하든지, 자신의 문제를 해결할 방법을 시도해야 한다. 여하튼 당신의 일이 아니다. 당신의 역할은 당신의 문제를 해결하는 것이다. 장기적인 관점에서 어떤 사건이 가족의 누군가에게 좋은 것일지 나쁜 것일지 판단하는 몫은 당신의 역할이 아니라는 점을 명심해야 한다. 그에게 커다란 위기고 엄청난 불편을 야기하는 원인인 것처럼 보이는 사건이 실제로는 그가 커다란 깨달음을 얻는 출발점일 수 있다.

그렇다고 당신의 생각과 의견을 제시하지도 말라는 뜻은 아니다. 그 정도는 얼마든지 할 수 있다. 당신은 언제나 당신이 원하는 걸 할 수 있다. 언제나! 다만 당신의 말과 행동에는 결과가 따른다는 것을 명심하면 된다. 그렇다고 당신이 좋아하는 것을 하지 말라는 뜻은 아니다. 분명히 말하지만, 당신은 당신이 좋아하는 것을 언제나 할 수 있다.

"모든 것이 흑백으로 나뉘는 것은 아니다."

함께 모이면 약간 거북하고 불편하더라도 즐거운 시간을 공유할 가능성도 있다. 모든 것이 항상 흑백으로 나뉘는 것은 아니라는 점을 기억하면 좋겠다. 약간의 거북함이 있더라도 즐거운 순간도 틀림없이 있을 것이기 때문이다. 현실은 당신의 감정과 경험이 바뀌고, 다른 구성원의 경우도 마찬가지라는 것이다. 따라서 대부분의 가족 모임은 좋은 점과 나쁜 점이 뒤섞인 시간이다. 그렇다. 우리는 해결되지 않은 문제를 껴안고도 그럭저럭 살아갈 수 있다. 맞는 말이다.

우리가 해결되지 않은 문제를 껴안고도 얼마든지 살아갈
수 있다는 게 현실이다.

우리가 모든 것에 남들과 의견을 함께할 필요는 없다. 의견이 달라도 얼마든지 즐거운 시간을 함께 나눌 수 있다. 합의와 사랑은 별개의 것이다. 누군가와 의견이 많이 달라도 그 사람을 진정으로 사랑할 수 있다. 현실을 직시하라! 당신이 사랑하는 사람과 모든 면에서 생각이 일치한다고 자신 있게 말할 수 있는가? 두 사람이 매사에 의견이 일치하지 않아 사사건건 다투면서도 서로 깊이 사랑할 수 있다. 이런 것이 현실이다.

172

"당신 자신에게 친절하라."

가족과 함께하는 순간, 과거에 상처를 입은 내면의 아이가 되살아나면 당신 자신에게 더더욱 친절하라. 언짢은 기분이 밀려오더라도 곧 괜찮아질 거라고 확신하라. 설령 그런 사태가 벌어지더라도 당신 자신을 돌보는 책임은 당신에게 있다는 걸 명심하라. 물론 가족이 당신을 사랑하고, 당신에게 선의를 품고 있겠지만, 그들이 당신을 대신해서 그 역할을 해줄 수는 없다. 어차피 당신을 돌보아야 할 사람은 당신 자신이다. 조금만 연습하면 당신도 이렇게 해낼 수 있다.

믿기 어렵겠지만, 당신이 가족을 진정으로 사랑하더라도

당신의 행복한 삶을 위해서 그들이 반드시 필요한 것은 아니라는 걸 깨달아야 한다. 가족 모임이 원만하게 진행되기를 간절히 바라지 않을 때 오히려 가족 모임이 당신에게 더 큰 도움이 될 것이다(그렇다고 가족 모임을 멀리하라는 뜻은 아니다).

가족 모임이 당신에게 문젯거리라면, 가족 모임이 앞으로도 계속 당신에게 문젯거리가 될 거라고 생각하는 편이 더 낫다. 어쩌면 그런 상황이 평생 계속될 수도 있다. 그러나 당신이 자진해서 내적인 훈련을 하고, 가족을 만날 때마다 위에서 언급한 기본 원칙들을 명심한다면 한결 편한 마음으로 가족을 만날 수 있을 것이다. 여하튼 가족이 없더라도 당신은 꿋꿋하게 살아남을 수 있다는 걸 기억하라.

"거리를 두는 게 최선일 때"

그래도 가족과 거리를 두고 지내는 게 최선인 경우가 있다. 부모를 비롯해 가족 중 누군가 폭력적이면 당신 자신부터 지키고 보살펴야 한다. 이런 상황에서는 가족과 거리를 두는 게 최선일 수 있다. 또 부모나 가족 중 누군가 알코올 중독자나 약물중독자인 경우, 또는 물리적인 폭력을 휘둘러서 위험한 존재인 경우도 마찬가지일 것이다. 안타깝게도 대부분의 문제 가정이 이런 모습이라는 게 현실이다. 하지만 문제 가정의 경우에도 가족 구성원은 모든 것이 괜찮다고 주장한다. 달리 말하면, 현실을 부정한다는 뜻이다. 가족들이 현실을 부정한다고 당신까지 현실을 부정해야 할 필요는 전혀 없다. 당신 가족이 당신을 이해하지 못하며 뭐라고 말하더라도 당신이 학대받고 안전하지 않다는 기분이 들면, 거리를 두고 지내는 편이 낫다.

당신이 이런 배경의 가정에서 자랐다면 앞서 말한 12단계 프로그램에 참석해서 당신의 상황을 명확히 규정해보라고 추천하고 싶다. 12단계 프로그램은 '알코올중독자 구제회'처럼 회원을 문제 가정에서 구제해서 치유하는 데 탁월한 효과를 발휘한다. 회원이 되어 모임에 규칙적으로 참석하면 당신의 감정과 경험을 이해하는 데 많은 도움을 받을 수 있을 것이다. 문제 가정의 메커니즘을 이해하기 시작하면 당신의 상처, 특히 가족으로부터 받는 불안감과 어려움의 원인을 이해하는 데도 도움이 될 것이다. 이렇게 과거에 대해 조금씩 알기 시작하면, 누구에게나 자기만의 현실을 요구할 권리가 있고 문제 가정에서도 자신을 돌보는 것은 결국 자신의 책임이란 사실을 깨닫게 된다. 결국 우리가 배워야 할 것은 이런 현실이다!

함께 모이면
약간 거북하고 불편하더라도
즐거운 시간을 공유할 가능성도 있다.
모든 것이 항상 흑백으로 나뉘는 것은
아니라는 점을 기억하면 좋겠다.
약간의 거북함이 있더라도 즐거운 순간도
틀림없이 있을 것이기 때문이다.

39

나의 진짜 이상형은
누구인가?

배우자는 지금의 모습과 달라야만 한다고 말하거나 생각할 때마다, 실제로는 존재하지 않는 사람과 함께하는 꿈이나 욕망에 대해 말하는 것이란 사실을 알고 있는가? 실제로는 존재하지 않는 미지의 인물과 함께하겠다는 욕망, 결코 존재하지 않는 사람을 꿈꾸며 헛되게 보내는 시간이 아깝지 않은가? 차라리 지금 눈앞에 있는 배우자를 있는 그대로 받아들이면 어떻겠는가?

부모와 자식과 친구의 경우도 마찬가지다. 쓸데없이 그들에게 어떤 의무도 덧씌우지 말고, 아버지/어머니/누이/형제/아들/딸을 있는 그대로의 모습으로 받아들이면 어떻겠는가?

**통제자와 피해자 중
누가 더 불행할까?**

다른 사람을 통제하려는 사람은 결국 중대한 문제에 부딪치기 마련이다. 다른 사람을 통제하는 게 불가능하기 때문이 아니라, 그런 시도는 현실을 부정하며 맞서 싸우는 것과 다를 바가 없기 때문이다.

이 말이 무슨 뜻인지 정확히 이해하기 위해서 통제자와 피해자의 관계를 자세히 분석해보자. 통제자는 어떤 사람인가? 통제자라는 용어가 무슨 뜻인지 정확히 이해되지 않으면 주변을 둘러보면 된다. 통제자는 어디에나 존재하기 때문이다. 부인을 통제하려는 남편들, 반대로 남편을 통제하려는 부인들, 또 십대의 딸이나 아들을 통제하려는 아버지와 어머니 등 통제자는 우리 주변에 널려 있다. 이처럼 다른 사람을 통제하려는 사람들은 자칫하면 무례하고 공격적이며, 심지어 폭력적으로 변하기 십상이다. 그러나 그 현상을 더 유심히 살펴보면, 모든 경우에서 통제의 피해자만이 참담한 기분에 시달리는 것은 아니라는 점을 어렵지 않게 확인할 수 있다. 달리 말하면, **다른 사람을 통제하려는 사람도 역시 참담한 기분에 빠져드는 경우가 많다. 그 이유가 무엇일까? 통제자가 아무리 매몰차게 권위를 휘둘러도 원하는 결과를 얻지 못하기 때문이다.** 설령 많은 경우에 그럴듯한 성공을 거둔 것처럼 보이더라도 그 성공은 단기적인 성공에 불과하다.

모두가 원천적으로 자유롭고 독립적이라는 게 현실이므로, 통제자는 항상 실패하기 마련이다(역사가 증명해준다. 누구나 자유를 위해 투쟁하지만, 노예가 되려고 투쟁하는 사람은 없다). 달리 말하면, 사회적 신분이나 사는 곳을 막론하고 누구나 자유롭기를 원한다는 뜻이다. 자유는 우리의 본성이고, 우리는 자유를 원하도록 프로그래밍되어 있다.

이런 점을 염두에 두고, 주변을 면밀하게 둘러보면 통제자가 피해자보다 더 큰 문제에 부딪친다는 걸 확인할 수 있다. 통제자는 자신의 행복이 피해자(통제 대상)의 행동에 달려 있다고 생각하기 때문이다. 그렇지 않으면 통제자가 무엇 때문에 번거롭게 상대를 통제하려 하겠는가? 달리 말하면, 괜스레 상대를 통제하려는 폭군이 오히려 피해자인 셈이다. 즉, 통제자는 자신의 생각에 억눌린 피해자다. 자신의 행복과 안녕 및 마음의 평화가 다른 사람의 손에 달려 있고, 다른 사람에 의해 결정된다고 생각하기 때문이다. 이런 생각은 자신의 기운을 빼앗는 믿음이다. 따라서 통제자가 공격적으로 변하는 건 당연하다. 누구도 자신의 행복이 다른 사람에 의해 결정되는 걸 원하지 않기 때문이다.

물론, 통제자가 큰 문제에 부딪친다고 해서 당신을 통제하고 당신의 자유와 권리를 침해하려는 사람으로부터 자신을 지키려는 수단을 동원할 필요가 없다는 뜻은 아니다.

통제자는 자신의 생각에
억눌린 피해자다.
자신의 행복과 안녕 및
마음의 평화가
다른 사람의 손에 달려 있고,
다른 사람에 의해 결정된다고
생각하기 때문이다.

경고!
전방에 불편한 사람이 있습니다

쓰나미 자체를 원망할 수는 없다. 쓰나미 경고가 있을 때, 해변에 차분하게 서서 높은 파도가 다가오는 걸 기다릴 사람은 없을 것이다. 힘껏 언덕을 향해 달려야 한다. 쓰나미처럼 멀리하고 피해야 할 사람이 있다. **폭력적이고 학대하는 사람, 당신을 성가시게 하고 괴롭히는 사람, 당신이 분명히 싫다고 말했는데도 계속 당신의 경계를 침범하는 사람이다. 이런 사람들은 그야말로 걸어다니는 쓰나미, 말을 하는 인간 쓰나미다. 이런 사람에게는 단호한 태도를 취해도 소용없다.** 어떤 대응책도 효과가 없다.

이런 사람을 만나면 도망치는 게 상책이다. 당신을 돌보고 챙기는 게 최선이다. 그렇다, 필사적으로 언덕을 향해 달려라! 도망쳐라!

나를 사랑한다면
내가 원하는 걸 해주세요

　　　　　　　　　　나를 정말 사랑하는 연인이라
면 내가 원하는 걸 해줄 것이다. 그들이 정말 나를 사랑한
다면 내가 원하는 걸 해줄 것이다. 지금껏 배우자나 자식,
부모나 친구에 대해 얼마나 자주 이렇게 말했는가?

　　나는 이제 현실에 눈을 뜨기 시작한 덕분에, 이런 생각이
내가 사랑하는 사람과 나를 떼어놓는 주된 원인 중 하나라
는 걸 깨달았다. 이 메커니즘을 이해하면, 사랑하는 사람에
게 당신이 원하는 게 완전히 달라진다. 당신이 진정으로 사
랑하는 사람에게 지금 어떻게 하고 있는지 냉정하게 살펴보
라. 당신이 사랑이란 이름으로 그에게 원하는 것과 사랑을
관련시키지 않으면, 그의 앞에 있을 때 어떤 기분일지 생각
해보라. 그가 옆에 있는 것만으로 만족하고, 그를 사랑한 까
닭에 그가 원하는 삶을 마음껏 살아가도록 자유롭게 해준다
면 당신 기분이 어떨지 상상해보라. 현실은 당신이 사랑을
핑계로 누구도 구속할 수 없다는 것이다.

　　나는 이 진실을 깨닫고 내 삶에 적용한 이후로, 사랑하는
사람과 함께 있을 때 더 많은 행복과 평안과 즐거움을 경험
할 수 있었다. 사랑과 합의는 별개란 걸 이제 알고 있기 때
문이다. **누군가를 사랑한다고 서로 의견이 일치해야 한다는
뜻은 아니다. 사랑과 합의가 항상 같은 방향으로 움직이지는
않는다.**

43

모든 부모는
완벽하지 않다

이 문제에 관련해서는 많은 논란이 있다. 따라서 자세히 살펴볼 필요가 있다. 자식을 행복하게 해주고 자식의 편에 서서 생각하는 게 부모의 의무라고 생각하는 사람이 적지 않지만 이런 생각은 진실이 아니다. 자식의 편에 서서 생각하고 자식을 행복하게 해주는 게 부모의 의무는 아니다. 이렇게 생각하는 게 진실에 더 가깝다. 내가 이렇게 확신하는 근거는 무엇일까? 어떤 사람이 다른 사람을 대신해서 생각하며 그를 행복하게 해주는 건 불가능하기 때문이다. 이것은 인간의 의지와 상관없는 보편적인 법칙이다. 누구에게나 차별 없이 적용되는 마음의 메커니즘이다. 이 법칙에는 예외도 없다. 달리 말하면, 누구나 자기만의 정신세계 속에서 살고 있다는 뜻이고, 누구나 자기만의 생각에 따른 결과를 경험하게 된다는 뜻이다.

그렇다고 부모가 자식을 사랑해서는 안 되고, 자식을 독립적 인격체로 대해서는 안 된다는 뜻은 아니다. 자식을 독립적 인격체로 대한다는 것은 자식의 지혜와 개성, 또 자식이 그 자체로 존재할 권리를 존중한다는 뜻이다. 자식을 대신해서 생각하거나 자식에게 당신을 행복하게 해주기를 기대하지 말라는 뜻이다. 물론 당신이 자식을 행복하게 해주겠다는 생각도 버려야 한다. 이런 바람은 애초부터 불가능한 것이기 때문이다.

안타깝게도 대부분의 사람들이 저마다 자신의 고유한 생각을 경험할 뿐이고 각자의 삶에서 전개되는 사건을 해석하는 대로 살아간다는 보편적인 법칙, 즉 마음의 메커니즘을 모른다. 그런 탓에 온갖 혼동과 논란이 빚어진다. 이 메커니즘을 모르는 부모는 자식을 행복하게 해줘야 할 책임이 자신에게 있다고 착각한다. 하지만 부모가 등뼈가 휘도록 노력해도 이런 바람은 이루어지지 않는다. 자식의 마음 상태를 결정하는 것은 온갖 사건에 대한 자식 자신의 생각과 해석이기 때문이다. 주변을 둘러보면 내 말이 맞다는 걸 직접 확인할 수 있을 것이다. 온갖 바람을 들어주며 응석받이로 키워진 외둥이가 결국에는 어떤 것에도 만족하지 못하고 불평하는 불만덩어리가 되는 반면에, 별다른 관심도 받지 못하고 자기만의 물건도 없이 키워진 아이는 어떤 가능성에도 긍정적인 태도를 보이며 즐겁게 삶을 살아가는 이유가 여기에서 설명된다.

따라서 이 메커니즘을 이해한다면, 부모가 진정으로 해야 할 역할은 다음과 같이 요약된다. 각자의 삶과 행복을 책임져야 할 당사자는 자기 자신이기 때문에, 올바른 부모라면 이런 보편적인 법칙과 마음의 메커니즘을 솔선수범해서 아이들에게 가르쳐야 한다. 부모가 건전하고 책임감 있는 삶을 성실하게 살아가는 모습을 옆에서 지켜본다면 아이들은 자연스레 그 본보기를 따르지 않겠는가. 거듭 말하지만, **부모는 말이 아니라 솔선수범하는 행동과 태도로 자식들을 가르쳐야 한다. 그럼 자식들은 부모의 행동을 본받고 따르기 마련이다.** 부모가 자신의 부모처럼 행동하지 않겠다고 다짐해도 잘못된 행동이 대대로 전해지는 이유가 여기에 있다.

따라서 부모와 자식 간의 올바른 관계를 유지하기 위해서는 다음과 같은 점을 기억해야 한다.

"자식은 당신을 행복하게 해주려고 태어나지 않았다."

당신의 행복은 당신이 결정해야 할 몫이다. 자식을 행복하게 해주는 것은 당신의 역할이 아니다. 자식의 행복은 자식이 결정해야 할 몫이다. 그렇다고 자식을 정성껏 돌보지 않고, 자식을 정성과 사랑으로 대하지 말라는 뜻은 아니다. 누구나 자유롭기를 원한다. 당신 자식도 다를 바가 없다. 자유를 향한 열망은 우리 모두의 마음속에 자리 잡은 욕망이다. 누구도 노예가 되려고는 싸우지 않는다. 그렇다고 아이들이 어릴 때도 한계를 설정해두고 자식을 돌보지 말라는 뜻은 아니다. 그러나 자식이 성장하면, 부모는 자식의 지능을 믿고 자식을 풀어줘야 한다.

"자식은 자신의 삶을 살기 위해서 태어났다."

자식도 자기 나름의 삶을 만들어갈 수 있어야 한다. 당신은 당신의 삶을 살기 위해서 이 땅에 태어났다. 따라서 당신은 자기 나름의 삶을 만들어갈 수 있어야 한다. 당신 자식이어도 그 아이의 꿈이 무엇인지 당신은 알 수 없다. 당신의 꿈이 무엇인지 알아내는 것도 힘들지 않은가? 당신 자식이어도 그 아이에게 최선인 것이 무엇인지 당신은 알 수 없다. 당신에게 무엇이 최선인지 알고 있는가? 당신 자식에게도 자기만의 방식으로 존재할 권리가 있다. 그렇다고 당신 집에서도 당신이 일정한 한계를 설정할 수 없다는 뜻은 아니다. 그렇다고 우리가 말하고 행동하는 모든 것에는 결과가 따른다는 사실을 말과 행동으로 자식들에게 설명하고 보여주지 말라는 뜻은 아니다.

당신 자식이 자신의 생각과 말과 행동에서 비롯되는 결과를 경험하는 걸 당신이 막을 수는 없다. 이것이 우주의 질서다. 이 사실은 일찍 배울수록 더 낫다. 당신이 실수라고 생각하는 것을 당신 자식이 범하는 걸 당신이 막을 수는 없다. 실수가 아니면 다른 무엇을 통해 당신 자식이 삶에 대해 배울 수 있겠는가? 당신은 삶에 대해 어떻게 배웠는가?

당신이 완벽한 존재가 아니라는 현실, 당신이 모든 것의

답을 알고 있지는 못하다는 현실, 때로는 삶이 힘겹지만 상황을 해결하기 위해 당신이 최선을 다하고 있다는 현실을 자식들에게 보여줄 수는 있다는 뜻이다. 또한 이렇게 행동함으로써 당신은 자식이 당신의 성실함과 더 나아가 성향을 본받기를 기대할 수 있다. 이렇게 건전하고 현실적으로 삶을 평가하는 접근법은, 한동안 당신의 품 안에서 보살펴야 하는 젊은 영혼과 건전하고 현실적으로 교감하는 방법이기도 하다.

PART 5

44 —————————— 58

내가 만들어낸 믿음에서
빠져나오는 법

성공이 행복의 조건이라고
누가 말하는가?

거의 모두가 성공이 행복의 조
건이라고 말하지만, 이 말이 진실일까? 내가 바로 성공이
행복의 조건이 아니라는 살아 있는 증거다.

그렇다. 나도 이 말이 진실이라 생각하던 때가 있었다. 행
복하기 위해서는 결혼생활이 행복해야 한다고 생각하던 때
가 있었다. 그래서 나는 행복한 결혼생활을 위해 매우 노력
했지만 참담한 실패를 맛보았다. 그 후에는 사이가 별로 좋
지 않은 부모를 즐겁게 해주고 그들을 행복하게 해주려고
엄청 노력했지만, 그 노력도 철저하게 실패했다. 내가 생각
하고 행동하는 모습이 그들이 기대하던 딸의 모습이 아니
었기 때문에 나는 부모를 전혀 즐겁게 해주지 못했다. 또
한동안 나는 나이와 상관없이 건강을 유지하고 젊게 보일
수 있기를 바랐지만, 남들처럼 어김없이 늙어가고 병에 걸
림으로써 이런 바람마저 참담한 실패로 끝났다. 성공하고
행복하려면 많은 돈을 벌어야 한다고 생각했다. 이처럼 나
는 성공과 행복이 서로 관련된 것이라 생각했고, 그래서 성
공하려고 애썼지만 번번이 실패했다.

내가 현실에 눈을 뜨고, 세상의 기준에는 실패자임에도
나 자신은 더없이 행복하다는 사실을 깨닫자 모든 것이 달
라졌다. **이 미친 세상에서 '성공'은 행복과 아무런 관계가 없
다는 것을 나는 분명히 깨달았다. 정말 아무런 관계도 없었**

다! 행복이 내 본성이란 것을 깨닫고 나는 한없이 기뻤다. 행복, 진정한 행복은 나 자신이다. 행복, 진정한 행복은 뭔가를 성취하고 뭔가를 해내는 것과 아무런 관계가 없다. 행복은 그저 존재의 즐거움이다. 그 이상도 그 이하도 아니다. 언제 어디에서나 그 즐거움을 경험할 수 있다. 지금 이 순간, 벤치에 앉아 아무것도 하지 않으면서도 행복을 만끽할 수 있다. 존재의 즐거움, 살아 있다는 자체의 즐거움이 바로 행복이니까! 정말 다행이지 않은가.

행복, 진정한 행복은
뭔가를 성취하고 뭔가를 해내는 것과
아무런 관계가 없다.
행복은 그저 존재의 즐거움이다.
그 이상도 그 이하도 아니다.

45

집착이 강할수록
고통도 커진다

코칭이 무엇이고, 영성이 무엇인지에 대해 많은 혼동과 논란이 있는 듯하다. 다행히 현실을 파악하고 직시하면 이 문제는 깨끗이 해결된다.

영적인 가르침에 대해 먼저 살펴보자. 물리적 세계에서는 모든 것이 일시적인 것이어서 금세 형태가 바뀌고 곧이어 사라진다. **모든 것이 그렇다. 일과 집, 돈과 관계, 사랑하는 사람과 우리 몸 등 모든 것이 결국에는 덧없이 사라진다.** 물리적인 물체에 관한 한 이것이 현실의 속성이다. 반면에 생명과 절대적 실재 또는 전능한 신 등 무엇이라 불러도 좋지만 이른바 생명력은 완벽하게 평등하고 똑같다. 생명력은 우리 모두에게 똑같이 주어진다. 생명력은 누구도 피할 수 없으며 변하지 않는다.

현실을 직시하고 꿰뚫어보기 시작하면 일과 집, 돈과 관계, 사랑하는 사람과 우리 몸 등 사물에 집착하는 정도가 강할수록 그것을 떼어놓아야 할 때 더욱 고통스럽다는 걸 깨닫게 된다. 모든 영적인 스승이 우리에게 이런 진리를 가르쳐왔다. 영적인 스승들은 우리에게 진정한 마음의 평안을 얻고 싶다면, 변덕스럽게 변하는 물질적 세계를 넘어 영원한 진리를 바라보라고 가르쳤다. 이런 것이 바로 영적인 가르침이며, 간단히 말하면 영성이다.

이번에는 코칭에 대해 살펴보자. 코칭은 완전히 다른 것이다. 나도 여기저기에서 코칭 교육을 받았고 많은 사람에게 코칭을 수행했기 때문에 잘 알고 있다(예컨대 내가 쓴《힘들고 지칠 때 유쾌하게 힘을 얻는 법》을 참조하기 바란다). 코칭은 지금 여기에서 일시적인 목표를 성취하려는 것이다. **물론 당신이 결국에는 모든 것을 상실하게 된다는 진리를 알고 있다면, 지금 여기에서 더 나은 직업, 더 큰 집, 더 많은 돈, 더 나은 인간관계, 더 나은 정신 능력, 건강한 몸 등 일시적인 목표를 성취하려는 욕구가 나쁠 것은 없다.** 당신의 진정한 본성을 망각할 정도로 이런 일시적인 목표에 집착하며 당신 자신과 동일시하지 않는다면 이런 욕구가 나쁠 것은 없다.

따라서 자기계발을 위한 시장을 헤매면서도 영성과 코칭을 분명히 구분한다면, 진실을 추구하는 과정의 수많은 고통에서 벗어날 수 있을 것이다.

현실을 직시하고
꿰뚫어보기 시작하면
일과 집, 돈과 관계, 사랑하는 사람과
우리 몸 등 사물에 집착하는 정도가
강할수록 그것을 떼어놓아야 할 때
더욱 고통스럽다는 걸 깨닫게 된다.

46

불행의 반대편에
행복이 있을까?

어떤 사건이 벌어지면, 우리는 각자가 생각하는 옳고 그름의 기준에 근거해서 그 사건을 판단하고 반응한다. 달리 말하면, 우리가 옳은 것이라 생각하는 기준에 부응하려면 현실이 어떤 모습이어야 한다는 우리 견해에 따라 사건에 대한 우리 반응이 결정된다. 이 관계는 누구에게나 적용되는 보편적인 메커니즘이다. 따라서 당신이 자신의 삶에 만족하면 그것으로 충분하다. 하지만 그렇지 않은 경우, 당신이 생각하는 기준이 무엇이고, 그 기준을 누가 설정한 것인지 자문해봐야 할 것이다. 그 기준을 당신이 직접 세웠는가, 아니면 가족과 친구와 동료 등이 학교와 직장, 문화와 사회에서 인정하는 믿음을 덮어놓고 받아들인 것인가? 그렇다면, 사건이나 사람이 어떤 모습이어야 한다는 당위성에 관련해서 당신은 어떤 이야기를 하고 있는가? 당신이 그런 이야기를 하고 있다는 사실 자체를 알고 있는가? 당신이 만든 이야기가 근거로 삼는 믿음에 대해 진지하게 생각해본 적이 있는가?

당신의 삶이 조금도 만족스럽지 않다면, 그래서 당신이 지금 갖지 않은 것을 바라는 데 많은 시간을 쏟고 있다면, 지금이라도 당장 당신의 기준과 기대치를 면밀하게 검토해보는 게 좋을 것이다. 그렇게 하면 당신이 실패와 불행의 길로 치닫고 있으면서도 그런 사실을 의식조차 못하고 있다는 걸 깨닫게 될 것이다.

　안타깝게도 우리는 현실에 눈을 뜨고 자각한 후에야 우리 자신에게 적용하는 기준조차 우리가 정한 것이 아님을 깨닫는다. 그 존재조차 의식하지 못하는 기준과 믿음에 따라 우리 경험을 판단하며 어리석은 짐승처럼 살아가는 셈이다. 모욕적으로 들리겠지만 새삼스럽고 특이한 현상은 아니다. 우리 모두가 지금 이 순간에 이렇게 살아가고 있다. 이 메커니즘을 깨닫기 전까지, 우리가 살고 있는 사회에서 인정하는 믿음과 기준과 기대치를 맹목적으로 받아들일 뿐이다. 가족과 친구, 신문과 텔레비전, 학교와 직장, 정치인과 사회적 리더가 우리에게 그렇게 살아야 한다고 끊임없이 강요하기 때문에, 우리는 이런 메시지와 사고방식에서 벗어날 길이 없다. 더구나 우리가 이런 믿음과 기준을 맹목적으로 인정할 수밖에 없는 이유는 그런 환경에서 성장했기 때문이다. 누구도 우리에게 이런 믿음에 의문을 품어야 한다고 가르친 적이 없었다. 누구도 우리에게 "이 말이 정말일까? 이런 믿음이 정말 나에게 이익일까? 이런 식으로 살면 행복해질까?"라고 자문해봐야 한다고 가르치지 않았다. 누구도 우리에게 진실이 무엇인지 면밀히 살펴봐야 한다고 가르치지 않았다. 누구도 우리에게 현실과 우리가 지어낸 이야기를 구분해야 한다고 가르친 적이 없었다.

따라서 **많은 사람이 불행을 겪고 깊은 위기에 빠진 후에야 자신의 믿음에 의문을 품고 현실을 직시하기 시작한다.** 우리가 진실이라 생각하는 것에 의문을 품고 조사를 시작하게 한다고 해서 '좋은 위기'라고 말할 수는 없다. 하지만 **우리가 지금껏 당연하게 받아들였던 기준과 가치판단이 우리 행복과 안녕과 아무런 관계가 없다는 걸 깨닫는 좋은 기회인 것은 분명하다.**

47

지금 이 순간은
언제나 완벽하다

당신은 아마도 인식하지 못하겠지만 지금 이 순간은 완벽하다. 보슬비가 내리는 이 순간… 당신은 햇살이 쨍쨍 내리쬐야 한다고 생각하겠지만. 또 몸무게를 10킬로그램 줄여야 하고, 더 젊고 건강하게 보여야 하며, 은행에 더 많은 돈은 저축해둬야 한다고 생각하겠지만… 지금 이 순간은 완벽하다.

48

기대와 현실을
구분하는 방법

눈을 크게 뜨고 현실을 직시하려면, 기대와 현실의 차이를 면밀하게 살펴보는 것도 좋은 방법이다. 예컨대 다음과 같이 해보라. 종이 한 장을 꺼내고 가운데에 선을 그어 양쪽으로 나눈다. 왼쪽 위에 '내가 기대하는 것'이라 쓰고, 오른쪽 위에는 '현실'이라 쓴다.

당신 삶에서 당신을 불행하고 불만스럽게 만드는 사람을 정한다. 남자 친구도 좋고, 어머니도 상관없다. 물론 직장 상사도 괜찮다. '내가 기대하는 것'의 아래에 당신이 그들에게 기대하거나 기대하고 싶은 것을 생각나는 대로 빠짐없이 쓴다. 다음에는 오른쪽의 '현실' 아래에 그들이 실제로 어떻게 행동하는지를 쓴다.

다시 왼쪽의 '내가 기대하는 것'에 나열한 항목을 하나씩 짚어가며 당신에게 어떤 기분을 안겨주는지 살펴본다. 그 사람이 당신의 기대에 부응하지 않는 경우 기분이 언짢아지는가? 화가 치밀어 오르는가? 이번에는 오른쪽의 '현실'에 나열한 항목을 짚어가며, 만약 당신이 기대를 버리고 현실에 근거해서 그 사람을 이해하면 어떤 기분일지 생각해본다. 또 당신이 기대를 버리고 '현실'에 집중하면 그 사람에게 어떻게 행동할지도 생각해본다. 어떻게 행동하겠는가? 지금과는 다르게 행동하지 않겠는가? 또 기분은 어떻게 달라지겠는가? 흥미로운 실험이 될 것이다.

49

무엇이 최선인지
정말 알고 있는가?

나에게 무엇이 최선인지 나 자신도 모른다는 사실은 내 삶 자체가 그 증거다. 내가 20대나 30대였던 때를 돌이켜보면, 내가 지금 알고 이해하는 것을 상상조차 할 수 없었다. 지금 생각하면, 당시에는 나만의 세계라 할 만한 것도 없었고 세상에 대한 내 이해 수준도 극히 미미했다. 그 이후로 나는 엄청나게 성장했다. 요컨대 당시 나에게 최선이라 생각하며 판단했던 내 능력은 보잘것없었다. 지금 알고 있는 것을 당시에는 전혀 몰랐다.

그럼 앞으로 20년 후에는 어떻게 될까? 그때도 내가 살아 있을지 모르지만, 그때 내가 아는 것을 지금 알 수 있을까? 그럴 가능성은 거의 없다!

과거의 나에 견주어서 지금의 나를 살펴보면, 어떻게 지금의 내가 되었는지 궁금하다. 무엇이 나를 이처럼 성장시켰을까? 무엇 때문에 나는 삶의 과정에 의문을 품게 되었을까? 지금까지의 시간이 나에게 편안한 시간이었을까, 힘겨운 시간이었을까? 편안하고 좋은 시간은 아니었다. 하지만 내가 지금까지 겪은 곤경과 난관 덕분에 나를 성장시키고 의문을 품게 되었다. 지금까지의 시간은 내가 생각하던 삶의 방향대로 진행되지 않은 시간이었다. 하지만 이제 조금이나마 넓고 깊은 시각을 갖게 된 덕분에, 내가 눈을 크게 뜨고 현실을 직시하며 지금처럼 성장하기 위해서는 그

힘겨운 시간이 필요했다는 걸 인정하게 된다. 따라서 **무엇이 좋은 것이고, 무엇이 나쁜 것인지 과거에도 몰랐고 지금도 모른다는 게 분명하다. 내가 멀리까지 내다볼 수 없다는 것도 분명하다. 지금 나에게 무엇이 좋은 것이고, 무엇이 나쁜 것인지 나 자신도 모른다는 게 분명하다.**

이제 이 진실을 깨달은 덕분에 삶이 한없이 즐거운 것이 될 수 있음을 알게 되었다. 이 진실을 항상 기억하고, 우리 삶에서 일어나는 사건을 성급하게 판단하지 않으려고 노력하며, 무엇이 최선인지 알고 있다고 교만하지 않는다면 우리 삶은 조금이나마 행복해질 수 있을 것이다. 과거에서 배워야 한다. 지금 일어나고 있는 사건이 좋은 것인지 나쁜 것인지 우리가 지금 확신하지 못하고 이해하지 못하는 이유는 과거의 사건들에서 증명된다.

지금 살고 있는 방식이 정말 평화롭고 즐거운 삶의 방식이 아닐까?

그렇지 않다는 걸 어떻게 상상할 수 있을까?

감사하라, 매사에 항상 감사하라!

놀랍지 않은가!

앞으로 20년 후에는 어떻게 될까?
그때도 내가 살아 있을지 모르지만,
그때 내가 아는 것을 지금 알 수 있을까?
그럴 가능성은 거의 없다!

50

매일 드라마를
만드는 사람들

아침에 일어나 하루를 시작하는 것은 텔레비전을 켜는 것과 같다. 오늘은 어떤 드라마를 방영하는 방송국에 채널을 맞추는가? 인간관계에 관한 드라마? 돈이 얽힌 드라마? 어린이 드라마? 아니면 긴장감 넘치는 추리물? 사람들은 매일같이 쏟아지는 뉴스 속보에 온 정신을 빼앗겨 푸른 하늘을 바라보거나, 장미꽃 향기를 맡거나 하는 삶의 여유를 잃었다. 당신의 삶이 어디로 흘러가는지 궁금한가? 그렇다면 잠시 텔레비전을 끄고 당신의 삶을 돌이켜보라.

51

비극적인 생각에 빠지는 이유

당신은 하루에 몇 번이나 비극적인 생각에 빠져드는가? 당신이 걱정이 많은 사람이라면 정말 자신에게 던져봐야 할 흥미로운 질문이다. 언제 비극적 생각이 꼬리를 물고 이어지고 파국의 지경까지 치닫는지를 아는 것만으로도 큰 변화를 이루어낼 수 있다. 당신이 지금 무엇을 하는지 눈치채는 즉시 모든 것을 멈추고, 모든 것이 괜찮은 '지금 이 순간'으로 되돌아올 수 있다.

그렇다면 비극적인 생각이란 무엇일까? 비극적인 생각은 기본적으로 우리가 아무런 근거도 없이 어떤 비극적인 가정을 설정해 미래의 부정적인 상황에 빠져드는 경우를 뜻한다. 비행기가 추락해서 내가 죽으면 어떻게 하지? 그들이 나를 좋아하지 않으면 어떻게 하지? 병들면 어떻게 하지? 돈이 떨어지면 어떻게 하지? 이처럼 근거 없는 가정을 설정하는 순간, 우리는 십중팔구 비극적인 생각에 빠져든다. 우리는 5분 후에 어떤 사건이 일어날지도 모른다. **우리가 유일하게 확신할 수 있는 것은, 지금 이 순간 이곳에서 우리에게 허락된 최선을 다하고 있다는 것이다. 이것으로 충분하지 않은가?** 이런 훈련이 처음이라면 언제 마음이 비극적인 생각으로 치닫는지 알아내서 '현재'의 순간으로 되돌아오려고 연습하면 된다. 그러면 삶이 조금씩 변해가는 걸 몸과 마음으로 확인할 수 있을 것이다.

52

모든 나쁜 일들에는
선물이 숨겨져 있다

이른바 '나쁜' 일이 당신에게 일어난다. 서글프고 충격적이며 불쾌한 일이 당신에게 닥친다. 당신은 그런 일을 기대하지도 않았고 바라지도 않았다. 하지만 그런 일은 어김없이 일어난다. 이것이 당신의 현실이다. 이런 경우에 당신이라면 어떻게 하겠는가? 발을 동동 구르고 고함을 지르고 발작을 일으키는가? 방금 일어난 사건에 대해 당신 자신에게나 다른 사람들에게 투덜거리고 칭얼거리며 불평을 쏟아내는가? 아니면 이런 경험이 당신에게 가져다주는 어떤 선물, 감추어진 선물을 발견해내는가? 직접 실험해보면 흥미진진하지 않겠는가?

당신에게 실제로 일어났던 사건 중에서 '짜증스럽다'고 생각되는 사건을 기억에 떠올려보라. 정말 당신이 원하지도 않았고 좋아하지도 않았던 사건, 예컨대 직장을 잃는다거나 병에 걸리는 사건을 생각해보라. 당신에게 충격을 주었고 슬픔을 안겨주며 정신을 혼미하게 만들었던 사건을 떠올려보라. 하지만 그 사건이 당신에게 슬픔과 충격 이외에 다른 것을 가져다주지는 않았는가?

그 사건이 당신에게 가져다준 좋은 점 세 가지를 찾아보라. 차분하게 앉아 "이 사건이 나에게 어떤 면에서 좋았는가?"라고 자문하기만 하면 된다. 좋은 점을 하나도 찾아낼 수 없는가? 그럼 다시 시도해보라. 사소하기 그지없는 것이라도 하나를 찾아내면 또 하나를 찾아내려고 시도해보라. 더 사소한 것이라도 상관없다. 하나씩 차근차근 찾아보라. 이런 시도를 반복할 때, 당신의 삶에서 일어나는 사건들을 바라보는 새로운 방법에 마음의 문을 열 수 있다.

자신에게 정직하며 내면에 더 깊이 들어가려는 연습은 삶의 과정에서 부딪치는 어려움을 새롭고 혁신적인 관점에서 접근하게 해준다. 게다가 그런 어려움과 난관이 실제로는 당신 편일 수 있다는 놀라운 깨달음으로 이어질 수도 있다. 정말 놀랍지 않은가? 그런데 이 말이 진실이라면 어떻게 되겠는가? 감추어진 선물을 찾아내려고 약간 뒤로 물러서서 지금 당신에게 일어나는 사건을 신중하게 재고하는 시간을 갖는다면 어떻게 되겠는가? 더 고결하고 더 좋은 결과를 당신에게 안겨주려고 지금의 사건이 일어나는 것이라면 어떻게 되겠는가? 당신이 지금, 즉 현재의 의식상태에서 상상할 수 있는 것보다 훨씬 아름답고 원대한 것을 위해 지금의 사건이 벌어지는 것이라면 어떻게 되겠는가?

이 말을 믿기 힘들겠지만, 내 일천한 경험에 비추어보면, "위기와 난관은 우리 편이다!"라는 말은 진실이다.

당신에게 실제로 일어났던
사건 중에서 '짜증스럽다'고
생각되는 사건을 기억에 떠올려보라.
그 사건이 당신에게 가져다준 좋은 점
세 가지를 찾아보라.

두려움에 두려움을 느끼는
공황 발작의 메커니즘

신경증은 우리 인간의 일부라 할 수 있다. 정도의 차이는 있지만 대부분의 사람이 살아가는 과정에서 신경증을 겪는다. 신경증은 인간 조건의 일부다. 따라서 신경증을 관리하는 것도 자신을 돌보고 건강하게 살아가기 위한 좋은 방법이다.

때로는 신경증이 격렬하게 밀려오는 경우가 있는데, 이런 경우를 흔히 '불안증anxiety'이라 일컫는다. 역시 정도의 차이는 있지만 불안증에 시달리는 사람도 많은 편이다. 거듭 말하지만, 불안증도 지극히 정상적인 인간의 경험이다. 그런데도 불안증은 우리 사회에서 멀리해야 할 중대한 금기로 여겨지는 까닭에, 많은 사람이 말없이 고통과 싸워야 한다. 만약 당신이 이런 상황이라면, 예컨대 때때로 극심하게 밀려오는 불안증과 싸워야 한다면, 불안증이나 공황 발작을 부끄러운 것으로 여겨 합당한 도움을 외부로부터 받지 못하기 십상이다. 불안증에 대한 몰이해에서 비롯되는 불행이다. 따라서 불안증이 무엇이고, 불안증을 야기하는 원인을 이해하면, 불안증에 대한 잘못된 오해를 해소하는 동시에 불안증을 건전하고 적절하게 해결하는 데 큰 도움이 될 것이다. 내가 여기에서 시도해보려는 것이 바로 그것이다. 다시 말하면 불안증이 무엇인지 쉽게 설명함으로써 불안증을 해결하는 적절한 방법을 제시하려는 것이다.

먼저 불안증이 무엇인지에 대해 살펴보자.

인간의 몸은 위험에 신속하게 반응하도록 설계되어 있다. 다른 동물과 다를 바가 없다. 물리적인 위협이나 위험에 부딪치면 우리는 동물처럼 자동적으로 '투쟁이냐 도피냐'라는 생리적인 반응을 일으킨다. 예를 들어 설명하면, 호랑이가 우리 뒤를 쫓아오거나 버스가 우리를 향해 맹렬히 달려들면 우리 몸은 인식된 위험에 본능적으로 반응하며 아드레날린과 코르티손을 분비한다. 이런 호르몬의 분비로 우리 생체 기능이 변하며, 자신의 몸을 지키기 위한 '투쟁'과 위험으로부터 벗어나기 위한 '도피' 중 하나를 선택하게 된다. 또한 곧바로 심장이 더욱 빠르게 뛰고 몸이 수축되며, 소화를 비롯한 많은 일반적인 기능은 위험한 상태에서 반드시 필요하지 않기 때문에 대기상태에 돌입한다.

이런 현상은 위험에 대한 지극히 정상적인 반응이며, 우리가 위협받을 때 본능적으로 경험하는 것이다. 우리 몸이 기능하는 방법인 이런 육체 메커니즘을 이해하는 것이 무엇보다 중요하다. 위험에 직면하면 누구에게나 일어나는 이 메커니즘은 우리가 인위적으로 통제하거나 멈출 수 없는 것이다. 요컨대 무의식적으로 일어나는 반응이며, 우리 몸은 이런 식으로 형성되어 있다.

하지만 **인간과 동물 사이에는 큰 차이가 있다. 우리 인간은**

'생각하는' 생명체다. 달리 말하면, 짐승과 달리 우리는 미래를 생각하고 상상할 수 있다. 더 구체적으로 말하면, 우리는 아직 일어나지 않았지만 미래에 닥칠지도 모를 위험과 위협을 상상하고 시각화하며 마음속에 그릴 수 있다. 이런 가능성을 이해하는 게 무척 중요하다. 우리는 아직 일어나지 않은 것을 상상할 수 있다. 또 앞으로도 결코 일어나지 않을 사건을 상상하기도 한다(특히, 걱정이 많고 불안증에 시달릴 때 이런 상상을 자주 한다). **여기에 불안증의 원인이 있다. 불안에 떨며 불안증과 공황 발작으로 고통받을 때, 현실이든 아니든 간에 커다란 위협이 임박한 것이라 생각한다. 이처럼 위협이 임박한 것이라 믿기 때문에 우리 몸은 본능적으로 '투쟁이냐 도피냐'라는 반응을 보인다.** 이런 반응에 따라 우리 몸은 자연스레 초긴장 상태에 돌입한다. 우리 몸은 위험에 반응하도록 설계되어 있기 때문에 우리가 파티장에 있거나, 회의실에 앉아 있거나, 슈퍼마켓에서 우유를 사고 있을 때나 상관없이 똑같이 반응한다. 이런 초긴장 상태에서, 우리는 '투쟁 또는 도피'라는 반응으로부터 유발된 신체의 변화를 경험한다. 그러나 명백히 존재하는 위험이 없기 때문에, 다시 말하면 슈퍼마켓에는 당신을 공격할 만한 호랑이가 없기 때문에, 결국 당신은 불안증 또는 공황 발작을 일으킨 것에 불과하다. 달리 말하면 '투쟁 또는 도피'라는 메커니즘이 우리 몸에 미친 징후를 경험한 것일 뿐, 육체적인 위협을 실제로 받은 것은 아니다. 그러나 우리 뇌가 그런 생각을 두려워하기 때문에 우리 몸을 그렇게 반응하도록 유도한다. 요컨대 위험이 임박했다고 생각하는 순간, 우리 몸은 자동적으로 그렇게 반응한다. 그 후에는 어떻게 되는가? 심장이 빠르게 뛰고 맥박수가 증가한다. 무릎이 후들거리고 두 손이 떨린다. 인식 능력이 달라지며 몽롱한 기분과 현기증이 밀려온다. 가슴이 벌렁거리고 속이 메스껍게 느껴질 수도 있다. 요컨대 '투쟁 또는 도피'라는 메커니즘에서 유발되는 온갖 신체적 징후를 경험하게 된다. 그러나 당신을 실제로 뒤쫓아오는 호랑이는 없기 때문에 당신은 회의장이나 슈퍼마켓에서 실제로 싸웠거나 도망쳤을 경우에 사용했을 에너지를 전혀 사용하지 않는다. 따라서 그런 징후가 몸에서 갑자기 나타난 이유에 놀라고 불안해질 수밖에 없다. 당신이 슈퍼마켓에서 한 행위는 우유를 산 것이 전부이기 때문이다.

따라서 다음에 또 불안감이 밀려오면, 당신에게 어떤 일이 벌어지고 몸이 어떻게 반응할지 겁부터 난다. 당연히 온갖 부정적인 상황을 상상하게 된다. 나한테 뭐가 잘못된 것이 아닐까? 왜 이렇게 식은땀이 나는 걸까? 왜 심장이 이렇게 빨리 뛰는 걸까? 왜 이렇게 어지럽지? 심장마비라도 걸리는 게 아닐까? 대체 뭐가 잘못된 것일까? 대체 뭐가 문제일까? 마침내 당신은 위험을 인식하는 순간 밀려오는 반응이 두렵기만 하다. 위험의 인식은 머릿속의 생각에 불과하지만 당신은 완전히 공황 발작을 일으킬 수 있다.

1분 정도만 모든 것을 멈추고 사건의 흐름을 천천히 점검해보라. 불안증이나 공황 발작을 해결하는 방법을 배우려면 이 부분이 무척 중요하기 때문이다.

완전한 공황 발작이나 불안증은 두 단계로 이루어진다(하지만 무척 신속하게 진행되기 때문에 대부분 그 차이를 인식하지 못한다). 공황 발작의 첫 단계는 어떤 사건에 대한 생각이나 어떤 생각이 먼저 두려움을 야기하며 '투쟁 또는 도피'라는 반응을 불러일으키는 단계다. 이 단계의 도화선은 어떤 상황, 에컨대 회의나 파티에 참석해서 많은 사람 앞에서 연설해야 하는 상황, 또는 실제 위험 등 많은 가능성이 있다(어떤 상황에서는 생각만으로도 공황 발작을 일으킬 수 있다). 공황 발작(또는 불안증)의 다음 단계는 당신의 첫 반응 및 몸에서 일어나는 변화를 두려워하는 단계다.

반응의 두 단계를 일단 '첫 번째 두려움'과 '두 번째 두려움'이라 해보자. 첫 번째 두려움은 도화선이며, 두 번째 두려움은 당신 자신의 반응에 두려움을 느끼는 때다. 달리 말하면, 두 번째 단계는 두려움에 대한 두려움이다.

당신의 첫 반응 및 몸의 변화에서 두려움을 느낄 때, 즉 두려움에 대한 두려움을 느낄 때 당신은 몸에서 일어나는 '투쟁 또는 도피'라는 반응을 연장하는 것이다. 첫 반응을 두려워함으로써 당신의 몸은 아드레날린을 계속 분비하고, 그 결과로 초긴장 상태를 이어갈 수 있기 때문이다. 이 관계를 정확히 이해해야 한다.

불안증으로 고통받으며 자신의 상황에 절망하는 사람들은 몸속에서 끊임없이 반복되는 이런 메커니즘에 오랫동안 시달린 사람들이다. 내가 '습관적인 초각성 상태constant state of high arousal'라고 부르는 이런 상태에 있게 되면, 몸의 시스템이 지나치게 민감해진 상태이기 때문에 '투쟁 또는 도피'라는 반응이 순식간에 일어난다. 따라서 지극히 사소한 사건 또는 지극히 사소한 생각으로도 그 반응이 일어난다. 미래에 일어날 어떤 사건, 예컨대 회의에 참석하거나 슈퍼마켓에 간다는 생각만으로도 불안증에 사로잡힌다. '투쟁 또는 도피'라는 메커니즘을 모르기 때문에 그 메커니즘을 계속 자극해서 두려움에 대한 두려움을 떨쳐내지 못하는 것이다. 결국 불안증에 시달리는 사람은 '투쟁 또는 도피'라는 메커니즘을 두려워하지만, 이 메커니즘은 어떤 생명체에게나 존재하는 지극히 자연스럽고 정상적인 무의식적 반응이다.

하지만 반가운 소식이 있다. 이 메커니즘을 이해하면 이

까다롭고 고통스런 늪에서 빠져나오는 방법을 찾아낼 수 있다. 심지어 메커니즘의 존재를 이해하는 것만으로도 불안증에서 깨끗이 벗어나는 사람도 적지 않다.

어떻게 하면 불안증에서 벗어날 수 있을까? '응급처치'와 '현실점검'이라는 두 가지 접근법으로 이루어진 해결책이 있다. 첫 번째 접근법에 '응급처치'란 이름을 붙인 이유는, 순간적으로 밀려온 불안증과 공황 발작을 해결하는 데 사용되기 때문이다. 하지만 이 기법은 두 번째 두려움, 즉 두려움의 두려움을 관리하는 데도 유익하게 사용된다.

두 번째 접근법에 '현실점검'이란 이름을 붙인 이유는 원래의 '투쟁 또는 도피'라는 메커니즘을 유발하는 '비극적인 생각'을 확인하고 그 생각에 의문을 품는 장기적인 과정이기 때문이다. 물론 이 기법도 첫 두려움, 즉 당신에게 두려움을 야기하는 사고방식과 근원적 믿음을 해결하는 데 사용된다.

(위의 두 기법을 자세히 살펴보기 전에, 당신이 어떤 이유로든 육체적 건강, 예컨대 심장의 건강을 걱정하고 있다면 의사를 찾아가서 철저한 건강진단을 먼저 받는 것이 중요하다는 점을 분명히 밝혀두고 싶다. '투쟁 또는 도피'라는 메커니즘에서 유발되는 신체적 징후는 실질적인 신체적 질병의 징후처럼 보일 수 있다. 따라서 여기에서 설명되는 기법을 사용하기 전에 의사에게 먼저 점

검을 받고 "신체적으로는 아무런 문제가 없다!"라는 확인을 받아
두는 게 중요하다.)

응급처치

불안증을 느끼거나 공황 발작을 일으키면, 신경성 질환을
치료하는 데 효과적인 클레어 위크스Claire Weekes(1903~1990,
오스트리아 의사)의 공식을 사용해보라고 권하고 싶다. 위크
스의 공식은 '직시하라 – 인정하라 – 내버려두라 – 시간이
흘러가게 놔두라'의 네 단계로 이루어져 있다. 이 단계를 하
나씩 자세히 살펴보자.

'직시하라'는 지금 눈앞에 벌어지는 사건을 이해하고, 신
체적 징후를 억누르거나 그런 징후를 유발하는 상황으로부
터 도피하려고 애쓰면 상황이 더욱 악화될 뿐이라는 걸 깨
닫는 것이다. 따라서 '직시하라'는 사건에 저항하지 말고 그
대로 받아들이며 이해하려고 노력하라는 뜻이기도 하다.
또한 의학적으로 아무런 의미도 없는 신체적 징후에 속고
있다는 걸 이해한다는 뜻이며, 지금 경험하는 사건이 불쾌
하지만 위험하지는 않다는 걸 깨닫고, 기본적으로 신체적
징후는 아무런 의미가 없다는 걸 알게 된다는 뜻이다.

'인정하라'는 받아들인다는 뜻이며, 불안증과 공황 발작이 닥칠 때 그 증상을 해결하고 이겨내기 위한 열쇠다. 인정한다는 것은 저항하지 않고 맞서 싸우지 않는다는 뜻이다. 이런 반응은 지극히 정상적이고 자연스러운 것이어서, 우리 몸이 그렇게 반응하도록 내버려둔다는 뜻이다. 여하튼 눈앞의 사건을 인정하면, 첫 번째 두려움에 두 번째 두려움을 더하지 않는다. 당신이 경험하는 징후에 두 번째 두려움을 더하지 않으면 징후가 줄어들고 결국에는 사라진다. 인정하면 심장이 두근대고 무릎이 후들거리는 걸 지켜보지만 그런 징후를 두려워하지는 않는다. 또 그 징후가 위험하지 않다는 것도 알고 있다. 어떤 두려운 생각 때문에 당신 몸에 나타나는 징후로, 지극히 정상적인 메커니즘이란 것도 알고 있다. 따라서 몸에 나타나는 현상을 그대로 받아들인다. 저항하면 두 번째 두려움으로 발전하며 상황이 악화되고 징후가 계속되며 훨씬 더 민감해지고 흥분하게 된다는 것도 알고 있다. 따라서 인정하고 받아들이는 것이 치유의 핵심이다. 징후가 나타나면 그대로 내버려두라.

'내버려두라'는 받아들임의 물리적 표현이다. 달리 말하면, 몸이 마음과 하나가 되고, 모든 긴장을 떨쳐낸다는 뜻이다. 실제로 공황 발작이 일어나서, 공황 발작이 일어나고 있다는 걸 알게 되면 근육이 긴장하게 된다. 긴장하는 이유는 당신 몸에 밀려오는 감각과 싸우기 때문이다. 그러나 '내버려 둔다'는 것은 맞서 싸우고 저항하지 않는 것이다. 그야말로 '내려놓기'다. 물리적으로 저항하지 않는다는 뜻이다. 멋진 수영장에서 등을 대고 누워 따사로운 햇살에 몸을 맡기는 것과 비슷하다. 철저하게 몸의 긴장을 풀고 아무것도 하지 않는 것이다. 따라서 '내버려 두기'는 몸을 편하게 하는 한 방법이다. 근육의 긴장을 풀고 몸을 축 늘어뜨려 보라. 먼저 마음으로 인정하고, 다음 단계에서는 몸을 축 늘어뜨리며 긴장을 풀어라.

마지막 단계는 '시간이 흘러가게 놔두는 것'이다. 이 단계가 중요한 이유는, 불안증으로부터 회복되는 데 시간이 걸리기 때문이다. 따라서 우리에게 어떤 변화가 일어나는지 이해하고 그 변화를 인정하고 받아들이며 전혀 저항하지 않더라도 심신이 이미 크게 흥분한 상태이기 때문에 불안감과 공황 증세가 한동안 계속될 가능성이 크다. 불안증과 공황 발작이 일어나면 초흥분 상태가 상당히 오랫동안 지속되므로 심신이 다시 진정되려면 상당한 시간이 걸린다. 달리 말하면, '직시하고 인정하며 내버려 두는 단계'가 한동안 계속된 후에야 흥분 수준이 가라앉기 시작한다는 뜻이다. 따라서 성급하게 재촉하지 않는 게 중요하다. 성급하게 즉각적인 결과를 재촉한다는 것은 징후에 저항하며 정상적이고 자연스런 반응으로 받아들이지 않는다는 뜻이다. 징후를 자연스럽고 정상적인 것으로 인정하고 받아들인다면 성급하게 재촉할 이유가 어디에 있는가?

거듭 말하지만, 공황 발작이 일어나면 다음의 네 단계를 시행해 보라. '직시하라 – 인정하라 – 내버려 두라 – 시간이 흘러가게 놔두라'. 정확히 시행되면 놀라운 효과가 있을 것이다. 클레어 위크스의 기법에 대해 더 깊이 알고 싶다면, 그녀가 쓴《당신의 불안을 이겨내려면Essential Help for Your Nerves》과《불안이란 고통으로부터의 해방Peace from Nervous Suffering》같은 책을 읽어보기 바란다.

현실점검

불안증과 공황 발작을 극복하는 데 클레어 위크스의 기법은 상당히 효과적이어서, 많은 사람이 불안증을 치유하는 데 도움을 받았다. 그러나 위의 방법으로 별다른 효과를 얻지 못했다면, '현실점검'에 나설 필요가 있다. 달리 말하면, 당신을 두렵게 하는 근원적인 생각과 믿음을 찾아내고 조사하는 과정에 착수하라는 뜻이다. 이 과정이 중요한 이유가 무엇일까? 당신이 느끼는 감정(두려움)의 원인은 당신 생각이지, 사건 자체가 아니기 때문이다. 요컨대 생각이 원인이고, 두려움과 불안이란 감정은 상황에 대한 당신의 믿음과 해석에서 비롯된 결과다.

이 말을 완전히 믿지 못하는 사람들을 위해 간단한 예를 들어보자. 회의 참석이 당신에게 불안감이나 극심한 공포를 불러일으킨다고 생각해보자. 물론 이런 감정은 회의 참석이란 현실과 아무런 관계가 없다. 회의장 테이블에 둘러앉은 10명의 다른 참석자들은 두려움을 전혀 느끼지 않기 때문이다(적어도 당신이 아는 한 누구도 무서워하지 않는다). 따라서 당신에게 두려움을 불러일으키는 원인은 회의 자체가 아니라, 회의라는 상황을 바라보는 당신 생각이다. 달리 말하면, 당신은 어떤 이유로든 회의를 '위험한 것'이라 생각하고 해석하는 게 분명하며, 그 생각이 당신 마음속에서 '투쟁이냐 도피냐'라는 생리적 반응을 촉발하는 것이다. 어쩌면 **당신이 사람들 앞에서 말하는 걸 좋아하지 않기 때문에 그런 반응이 나타나는 것일 수 있다. 당신이 외모나 몸매에 자신감이 없거나, 다른 사람들이 당신을 어떻게 생각할 것인지에 대한 걱정 등 불안감을 유발하는 원인은 수없이 많다. 하지만 상황 자체에 내재한 원인은 없다. 한결같이 상황에 대한 당신의 생각에서 비롯되는 원인이다.** 이런 이유에서 '현실점검'이 필요하다. 즉, 현실점검은 현실과 생각의 차이를 알아내기 위한 과정이다.

따라서 어떤 생각이 당신에게 불안감을 유발하는지 알아내는 게 무척 중요하다. 불안감이 밀려오기 전에 어떤 생각이 먼저 머릿속에 떠오르는가? 당신에게 두려움을 야기하는 현재 상황과 삶은 어떤 것인가? 왜 이런 상황에서는 그처럼 불안감이 밀려오는가? 예컨대 회의에 참석해야 한다는 생각에 겁이 나는 이유가 무엇일까? 어떤 행사에 참석해 사람들 앞에서 연설하고 파티에 참석하면 불안하고 두려운 이유가 무엇일까? 이런 상황이 닥치면 불안감이 밀려오는 이유가 무엇일까? 그 이유를 추적하기 시작하면, 어떤 이유에서든 그런 상황이 당신의 내면에 깊이 감추어진 불안감을 자극한다는 걸 알게 될 것이다. 따라서 본격적인 현실점검에 나서면, 당신이 어린 시절부터 내면에 품고 있었지만 한 번도 조사된 적이 없는 믿음이 드러날 것이다.

누구도 현실점검이란 과정에 완벽하게 준비되어 있지는 않다. 그러나 현실점검은 일단 시작되면 무척 유익하다. 우리를 괴롭히는 생각과 믿음을 조사해서 밝혀내지 않으면 그생각이 계속해서 우리 내면에 남아 있을 것이기 때문에, 정도의 차이는 있겠지만 우리는 똑같은 상황에서 끊임없이 두려움과 불안감에 떨어야 할 것이다. 이런 이유에서라도 내면에 깊이 들어가 철저한 '현실점검'을 해내는 것이 불안증과 공황 발작으로부터 완전히 회복되는 확실한 방법이다.

따라서 우리에게 불안감을 야기하는 생각이 무엇인지 찾아내서 글로 써두는 작업이 필요하다. 달리 말하면, 무엇을 생각하면 불안감이 밀려오는가? 어떤 상황에서 불안감을 느끼는가? 이처럼 불안감을 야기하는 생각을 찾아 하나씩 적어두면, 바이런 케이티Byron Katie가《지금 있는 것을 사랑하라Loving What Is》에서 제시한 네 가지 질문을 활용해서 그 생각들의 진실성 여부를 조사할 수 있다. 케이티의 방법론은 우리에게 두려움을 야기하는 비극적인 생각을 점검하는 탁월한 방법이며, 이에 대해 더 자세히 알고 싶으면 그녀의 책이나 웹사이트www.thework.com를 참조하기 바란다.

이런 현실점검을 혼자 힘으로 해내기 힘들면, 전문가의 도움을 받아 당신을 괴롭히는 당신이 지어낸 이야기와 근원적 믿음을 찾아낼 수도 있다. 이런 경우에는 제대로 훈련받은 심리 치료사를 찾아가면 큰 도움을 받을 수 있을 것이다. 바이런 케이티의《지금 있는 것을 사랑하라》이외에 인지치료와 인지심리학도 당신이 지어낸 이야기와 믿음을 현실과 비교해준다는 점에서, 불안증이나 걱정 등과 관련된 문제를 해결하는 데 효과적이다.

그러나 현실점검을 혼자 힘으로 해내든 심리 치료사의 도움을 받든 간에 가장 기본적인 훈련은 현실과 당신의 생각을 비교하는 것이다. 따라서 다음과 같은 질문들을 당신 자신에게 끊임없이 제기해야 한다. 지금 눈앞의 현실이 생각만큼 나쁘고/위험하고/불확실한 것인가? 현실과 아무런 관계도 없는 '비극적인 생각'을 얼마나 자주 생각하고 당신 자신에게 속삭이는가? 지금 눈앞에서 진행되는 현실을 직시하고 있는가?

54

당신도 지금 이 순간을
관리할 수 있다

당신에게 닥친 어려움과 난관이 무엇이든 간에 그 상황에서 당신이 한 번에 적어도 1분씩 그 문제에 대해 걱정하지 않을 수 있다는 사실을 기억하면 크게 도움이 될 수 있다. 한 번에 1분씩! 눈앞의 어려움을 이겨내려면 당신이 반드시 해야 하는 것이기도 하다. **한 번에 1분 동안 아무런 걱정을 하지 않는 건 누구나 충분히 해낼 수 있다. 당신이 해낼 수 있는 유일한 것이 그것이기 때문이다.** 언제든 해낼 수 있다. 그 밖의 것은 가능하지도 않고 필요하지도 않다. 그 밖의 것은 순전히 추측과 짐작에 불과하다.

이런 진실을 깨달으면, 우리를 겁나고 미치게 하는 것이 미래, 즉 미래에 대한 생각에 불과하다는 것도 자연스레 알게 된다. 그러나 지금 이 순간도 관리할 수 있다. 당신도 지금 이 순간을 관리할 수 있다. 지금 이 순간을 냉정하게 둘러보라. 그렇다. 지금 이 순간은 저절로 굴러간다. 엄격히 말하면, 지금 이 순간은 이미 완료되었다! 지금 이 순간을 면밀히 관찰하면 알겠지만, 지금 이 순간은 이미 일어나고 과거가 되었다. 정말 쉽게 넘어가지 않았는가?

이런 진실을 깨닫는 것만으로도 크게 위안이 된다. 그렇다. 당신도 지금 이 순간을 관리할 수 있다. 이 순간은 저절로 굴러간다고 말해도 상관없다.

그 밖의 것은 가능하지도 않고 필요하지도 않다.

55

내가 만들어낸 믿음에서
빠져나오는 법

우리가 지어낸 이야기 때문에 불행해진다면, 우리를 괴롭히는 특정한 생각이나 자신이 지어낸 이야기를 어떻게 알아낼 수 있을까? 그런 이야기를 끄집어내서 조사하려면 어떻게 해야 할까?

내 경험에 비추어 다음과 같은 방법을 추천하고 싶다. 뭔가에 대해 불쾌한 감정이 느껴지면 종이 하나를 꺼내 가운데 선을 그어 양쪽으로 나눈다. 왼쪽 위에 '내가 기대하는 것'이라 쓰고, 당신을 괴롭히는 사람이나 상황으로부터 당신이 기대하거나 원하는 것을 쓴다. 지금 당신을 괴롭히는 것을 정확히 빠짐없이 기록한다. 예컨대 당신이 직장에서 무척 스트레스를 받지만 배우자가 따뜻하게 대해주지 않는 상황이어서 배우자에게 불만이 많은 경우라고 생각해보자. 그럼 '내가 기대하는 것' 아래에 다음과 같이 쓴다.

내가 요즘 겪는 어려움을 배우자가 이해해주어야 한다.
내가 요즘 직장에서 힘든 시간을 보내고 있다는 걸
배우자가 알고 있어야 한다.
내가 요즘 무척 스트레스를 받고 있기 때문에
배우자가 집안일을 더욱 도와줘야 한다.

이번에는 오른쪽 위에 '현실'이라 쓰고 실질적인 상황에

대해 기록한다. 지금 상황의 현실을 정확히 기록한다. 위의
예를 이어가면 다음과 같이 쓰일 것이다.

내가 요즘 겪는 어려움을
배우자가 전혀 이해하지 못하고 있다.
내가 요즘 직장에서 힘든 시간을 보내고 있다는 걸
배우자가 전혀 모른다.
배우자가 집안일을 도와주지 않는다.

당신이 기록한 내용을 하나씩 분석하면, '내가 기대하는
것'에 나열한 것을 확인할 때마다 거북한 감정이 밀려올 것이
다. 달리 말하면, 배우자가 이런 상황에서는 어떻게 행동
해야 한다고 생각하는 당신의 기대에 부응하지 못하기 때
문에 기분이 나쁜 것이다. 따라서 당신이 기대하는 것에서
비롯되는 감정에 휘둘리지 않고, '현실'의 아래에 기록한 것
에 집중해보라. 달리 말해, 당신이 배우자에게 기대하는 것
에 초점을 맞추지 않고 상황의 현실을 직시한다면 현재 상
황에서 어떤 기분이고 어떻게 행동하겠는가?
일단 한번 해보라. 당신이 요즘 직장에서 힘든 시간을 보
낸다는 걸 배우자가 제대로 모르고 있다는 게 현실이다. 이
런 상황에서 당신이라면 어떻게 하는 것이 좋을까? 배우자

가 당신의 마음을 읽어내는 독심술사가 되기를 바라지 말고, 배우자와 마주 앉아 당신이 지금 직장에서 처한 상황을 차분하고 정확히 말해주는 편이 훨씬 낫다. 당신이 입을 닫고 있으면, 당신이 직장에서 힘든 시간을 보내고 있다는 걸 배우자가 어떻게 알겠는가! 배우자에게 허심탄회하게 털어놓아라! 지금 당신이 어떤 상황인지 자세히 설명하라. 도움이 필요하다면 도와달라고 부탁하라. 다시 말하면, 현재 상황을 받아들이고 직시하라. 그래야 배우자가 당신이 어떤 상황인지 모른다고, 또 배우자라면 당연히 어떻게 행동해야 한다고 생각하는 당신의 기대에 부응하지 못한다고 화를 내지 않고 당신의 행복을 지킬 수 있다.

현실을 직시하면 상황이 나아진다! 어떤 상황에서나 이 방법을 활용할 수 있다. 해당 상황에서 당신이 기대하는 것과, 그 상황의 실질적인 현실을 정확히 기록한 후에 비교해보라. 다음 단계에서는 당신이 기대하는 것을 욕심내지 않고 현실을 직시하며 살아간다면 어떤 기분이고 어떻게 행동할 것인지 생각해본다. 앞에서도 말했듯이, 이 기법은 삶의 과정에서 우리를 괴롭히는 믿음과 자신이 지어낸 이야기를 신속하게 바로잡아주는 방법이다.

자신이 지어낸 이야기를
해결하는 세 가지 방법

사람과 사건에 대한 우리 생각과 자신이 지어낸 이야기로 인해 스트레스를 받는 상황을 벗어날 수 있는 세 가지 방법이 있다.

관찰하라

생각의 흐름을 냉정하게 관찰하는 방법이다. 한 걸음 뒤로 물러서서 생각의 흐름을 지켜보면, 당신은 그 생각(또는 지어낸 이야기)을 관찰하고 지켜보는 사람이지, 당신 자신이 생각이나 지어낸 이야기가 아니라는 걸 깨닫게 된다. 명상은 관찰을 효과적으로 해내는 한 방법이다. 요컨대 지금 이 순간에 충실하며 현실을 직시하는 것이다.

의문을 품어라

생각이나 지어낸 이야기가 '정말 진실인가?'라며 의문을 제기하는 방법이다. 당신에게 두려움이나 비참한 기분을 안겨주는 생각이 떠오르면, 그 생각이 진실한 것인지 의심하라. 그 생각이 현실과 어떤 관계가 있는지에 대해서 의문을 품는다. '내가 기대하는 것'과 '현실'을 비교하는 방법을 사용해도 효과적이다. 물론 당신에게 스트레스를 주는 생각들을 종이에 써두고는 바이런 케이티의 네 가지 질문을 활용해서 그 생각들의 의문을 품고 점검하는 방법도 있다.

관심의 방향을 바꿔라

당신이 관심을 쏟는 것은 무엇이든 당신의 내면에서 차지하는 부분이 커지기 때문에 그로 인한 스트레스를 해소하려면 관심의 방향을 바꿔야 한다. 쉽게 말하면, 지금 당신을 괴롭히는 생각 대신에 다른 생각을 하려고 애써야 한다. 현재의 생각을 잊는 좋은 방법 중 하나가 기도다. 또는《바가바드 기타》2장의 끝부분 같은 영적인 글이나 에멧 폭스 Emmet Fox의 책을 읽고, 그 글에 대해 깊이 묵상하는 것도 현재의 번민을 떨쳐내는 좋은 방법이다. 하지만 스트레스가 너무 극심해서 이런 방법을 쓰기 힘들 정도면, 무작정 달리거나 영화를 보면서라도 생각의 흐름을 바꾸려고 노력해야 한다. 어떤 방법을 사용하든 간에 당신을 괴롭히는 생각에 파묻혀서는 안 된다. 어떤 수를 동원해서라도 그 생각에서 벗어나야 한다. 앞에서 말했듯이, 당신이 관심을 쏟는 것은 당신의 내면에서 차지하는 부분이 더욱더 커지기 때문이다!

위의 세 가지 방법 중 어느 것을 사용해도 상관없다. 당신의 성향과 상황에 따라 적합한 방법을 사용해도 되지만, 굳이 조언하자면 세 방법을 모두 하나씩 시도해보는 것도 괜찮다. 꾸준히 사용하면 어떤 방법을 적용하든 큰 효과가 있을 것이다.

세 가지 방법에 대해 자세히 알고 싶으면,《행복은 깨어 있는 사람에게 허락된다》를 참조하기 바란다.

의식은 어떻게
프로그래밍되는가?

나에게 스트레스를 주는 생각
이나 믿음이 애초에 어떻게 내 마음속에 자리 잡게 된 것일
까? 많은 사람이 이런 의문을 품는다. 이런 이유에서도 의
식의 기본적인 속성을 알아두는 게 중요하다. 의식은 분별
력이 없다. 따라서 어떤 정보라도 접촉되면 무작정 흡수하
고 받아들인다. 의식은 철저하게 자동적이고 반사적인 메
커니즘이며, 저절로 움직인다. 의식은 접촉하는 것이면 무
엇이든 받아들인다. 따라서 우리는 태어나는 순간부터 순
수하게 자동적으로 프로그래밍된다.

어린아이를 관찰해보라. 부모가 "이것은 좋은 것이고 저
것은 나쁜 것이다. 그러니까 이것처럼 되어야 하고 저것을
해서는 안 된다."라는 식으로 말하면, 어린아이는 부모의 말
에 의문을 품지 않고 무조건 받아들인다. "엄마, 정말이에
요?"라고 반문하지 않는다. 어린아이는 들은 내용을 곧이곧
대로 받아들인다. 어떤 아이라도 부모의 말을 따른다. 태어
날 때부터 참과 거짓을 구분할 만한 나침반이나 레이더가
우리에게는 내장되어 있지 않다. 또 "조심해, 거짓말이야!"
라고 소리치는 경보기가 설치되어 있지도 않다. 따라서 우
리는 태어나는 순간부터 자동적으로 프로그래밍되며, 귀에
들리는 모든 것을 그대로 믿는다. 처음에는 부모를 통해서,
그 후에는 학교와 텔레비전 및 주변 사람들을 통해 프로그

래밍된다. 물론 부모도 태어날 때부터 그렇게 프로그래밍
되었기 때문에 좋은 뜻으로 우리를 프로그래밍한다. 여하
튼 우리가 접촉하는 모든 것에 의해 우리는 프로그래밍된
다. 달리 말하면, 우리가 눈으로 보고 귀로 듣는 모든 것을
순진하게 받아들이며 흡수한다. 의식은 이런 식으로 작동
한다.

　정신과 의식의 속성에 대해 눈을 뜨기 시작하면서, 그때
서야 비로소 우리는 프로그래밍에 대해 의문을 제기하는
능력을 서서히 갖추며 '이것이 정말 사실일까?'라고 의문을
품는다. 생각하는 사람과 생각 자체는 엄연히 다르다는 걸
깨닫기 시작할 때 우리는 의식에서 큰 도약을 이루어내고,
그때부터 모든 것이 달라진다. **생각하는 사람과 생각은 엄연
히 다르다는 걸 깨닫게 되면, 당연히 우리와 우리 생각도 전
혀 다르다는 걸 알게 된다. 생각은 일시적이어서 머릿속에 떠
올랐다가 사라지지만, 우리는 그 이후에도 계속 존재하지 않
는가. 우리는 생각을 갖지만 우리가 생각은 아니다!** 이 둘은
완전히 다른 것이다. 이 둘의 차이를 이해해야 한 걸음쯤
뒤로 물러서서 '이 생각이 정말 사실일까? 이 생각이 현실
과 관계가 있는 것일까 아니면 순진하게 지어낸 이야기에
불과할까?'라고 의문을 품는 능력이 생긴다. 그러므로 우리
자신과 우리 생각을 구분하는 게 무척 중요하다. 둘을 구분

하는 것만도 대단한 깨달음이며, 의식에서의 큰 혁명이다. '이 생각이 현실과 어떤 관계가 있는가?', '이 생각이 정말 진실인가?'라고 생각하는 순간부터 의식에 눈을 뜨기 시작한 것이다.

이런 깨달음이 있을 때, 생각을 우리 자신과 동일시하는 속박에서 벗어나 꿈의 상태에서 깨어나는 힘을 얻는다. 이런 이유에서 '정신 법칙'(《행복은 깨어 있는 사람에게 허락된다》 참조)과, 정신이 작동하는 방법은 무척 중요하다. 의식의 메커니즘을 이해하지 못한다면 우리는 어린 시절부터 하루도 빠짐없이 줄곧 계속된 프로그래밍의 순진한 피해자로서, 우리 생각의 노예처럼 살아가게 된다.

58

문제에 대처하는
능력에 대하여

우리 삶에서 어떤 현상들이 반복해서 되풀이되는 이유를 분석하는 또 하나의 흥미로운 방법은, 우리의 대처 능력coping skills을 관찰하는 것이다. 여기서 대처 능력은 우리가 주변 사람들과 교감하고 소통하며 삶을 관리하는 방법을 뜻한다. 우리가 삶의 과정에서 일어나는 사건을 어떻게 대처하는지 유심히 관찰하면, 어린 시절에 배운 대처 방법을 똑같이 사용하고 있다는 걸 확인할 수 있다. 이런 경우에도 그 방법이 성인의 삶에서도 여전히 효과적인지 냉정하게 자문할 필요가 있다.

당신에게 어떤 대처 능력이 있는지 찾아내려면, 어린 시절 부모가 어떤 사람이었는지 기억을 더듬어보는 것도 도움이 된다. 부모는 어떤 사람이었는가? 아버지는 어떠했고 어머니는 어떠했는가? 두 분 모두 자상하고 사랑이 넘쳤는가? 냉정한 사람이었는가? 자기 일에만 몰두하고 너무 바빠서 당신과 함께할 시간이 거의 없었는가? 알코올이나 그 밖의 약물에 중독된 증상이 있었는가? 여하튼 아버지와 어머니의 주된 특징 세 가지를 써보라.

다음에는 어린 시절의 집안 분위기에 대해 생각해보라. 따뜻하고 안전한 곳이었는가, 아니면 찬바람이 쌩쌩 부는 무서운 곳이었는가? 시시때때로 분노가 폭발하는 곳이었는가? 외적인 모습과 성과에 집착하는 가정이었는가? 어린 시절의 집안 분위기가 어떠했는가? 당신이 보호받는 어린 아이라는 기분을 느끼게 해주었는가? 집안 분위기의 특징과 그곳에서 느낀 당신의 기분에 대해 써보라.

다음 단계에서는 부모와 집안 분위기에 당신이 어떻게 대처했는지 기억을 더듬어보라. 눈앞에서 벌어지던 일에 어떻게 대응하고 반응했는가? 달리 말하면, 당신은 어린 시절부터 어떤 대처 능력을 키워왔는가? 부모의 기대가 불가능한 것처럼 보일 때에도 그들의 기대에 부응하려고 노력하고, 항상 완벽하게 행동하려고 애썼는가? 아니면 부모와 집을 최대한 멀리하려고 애썼는가? 당신은 반항아였는가? 파티광이었는가? 과묵한 아이였는가? 변덕이 심하고 걸핏하면 화를 냈는가? 반대로 절제력이 강했는가? 요컨대 어렸을 때 이런저런 상황들에 어떻게 대처했는가? 당신이 어렸을 때 살아남고 성공하기 위해서 개발한 주된 대처 전략은 무엇이었는가?

어렸을 때 사용하던 방법들을 찾아냈다면, 성인이 된 지금도 그 대처 전략을 사용하는 구체적인 경우 세 가지를 생각해보라. 예컨대 어렸을 때부터 완벽주의가 대처 전략이었고 지금도 직장 등에서 완벽주의자가 되려고 애쓰고 있는가? 또는 어렸을 때부터 회피가 전략이었다면, 성인이 된 지금 어떤 경우에 회피라는 전략을 사용하고 있는가? 이처럼 어렸을 때 상황에 대처하던 방법과, 지금 상황에 대처하는 방법을 찾아내서 비교하는 훈련은 무척 흥미로우면서도 많은 깨달음을 줄 수 있다. 특히 현재의 행동이 어린 시절에 뿌리를 두고 있다는 걸 깨닫게 된다.

이런 깨달음을 얻으면, 다음과 같은 의문이 자연스레 제기된다. 이 행동이 지금도 나에게 적절한가? 건강하고 삶에 도움이 되는 행동인가? 달리 말하면, 성인이 된 지금도 이 대처 전략이 나에게 합당한 것인가? 그렇지 않다면 이 습관적인 행동을 버리기 위해 어떻게 해야 할까? 반대로 적절하다면 정말 적절할까? 혹시 더 낫게, 더 적절하고 성숙하게 해결할 방법은 없을까?

이렇게 의문을 품어야 더 나은 방법을 찾아나설 수 있다.

PART 6

59 ———————— 70

인생 최악의 문제로
삶은 완벽해진다

59

나는 당신의
'어두운 면'입니다

의식의 깨달음과 자아발견에서 주목해야 할 것은 '어두운 면dark side'의 발견이다. 솔직히 말해서 나는 이 용어가 마음에 들지 않지만 그렇다고 적절한 다른 용어가 있는 것도 아니다. 어떤 면에서는 우리가 인정하고 싶지 않기 때문에 어둠 속에 감춰두고 싶은 모든 것을 가리킨다는 점에서 적절한 표현이기도 하다.

그러나 인정하고 싶지 않다는 이유로 영원히 어둠 속에 묻어둘 수는 없는 법이다. 특히 우리가 내면을 탐구하기 시작하면, 우리 자신에 대해 부인하던 것도 인정할 수밖에 없게 된다. 보고 싶지 않은 어두운 면, 지금은 물론이고 앞으로도 영원히 잊고 싶은 어두운 면…. 우리가 완벽하지 않다는 걸 인정하는 것은 쉽지 않은 일이다.

그러나 **자아발견을 위한 과정에서 어두운 면의 확인은 피할 수 없다. 당신의 모든 면, 당신의 삶에 관련된 모든 것을 볼 수밖에 없다. 당신이 보고 싶지 않은 것이라고 해서 당신의 힘으로는 지워버릴 수 없다는 걸 결국 깨닫게 될 것이기 때문이다.** 그 어두운 면은 결코 사라지지 않는다. 언젠가는 당신의 일부라는 걸 알게 된다. 그 문젯거리를 껴안고 영원히 살아갈 수 없다는 것도 깨닫게 된다. 그 문젯거리를 관찰해서 받아들이고 인정하며 이해하는 과정을 거쳐야 비로소 어두운 면을 치유하고 떨쳐낼 수 있다. 이것이 어두운 면을 실질적으로 해결할 수 있는 유일한 방법이다. 비명을 지르고 발길질로 쫓아내려 해도 소용없다. 굼실굼실 다가오는 어두운 그림자가 두렵지만 그 그림자를 떨쳐낼 방법이 없다면 더더욱 힘들 것이다. 하지만 어두운 면은 당신을 끊임없이 짓누른다.

저항하고 부인하는 것은 사태를 더욱 악화시킬 뿐이다. 정말이다. 내 경험상 가장 효과적인 방법은 상황을 있는 그대로 인정하고, 우리 내면에 꿈틀대는 현상을 초연하게 관찰하는 것이다. 이쯤에서 명상이 중요한 역할을 할 수 있다. 명상은 차분하게 앉아 내면의 변화를 관찰할 수 있는 최상의 수단이다. 명상을 하면 이런저런 생각이 떠오르지만 그 생각 때문에 충격을 받지는 않는다. 명상하는 과정에서는 당신 자신을 당신의 생각이나 당신이 지어낸 이야기와 동일시하지 않을 것이기 때문이다. 이처럼 차분하게 앉아 감정의 흐름을 관찰하며, 감정이 떠올랐다가 사라지도록 허용하는 능력을 갖춘다면 그야말로 축복이고 행복이다.

직접 시도해보라.

차분하게 앉아 호흡에 집중하고 감정의 흐름을 관찰해보라.

그리고 감정의 출몰을 허락하라.

이것이 무저항의 비밀이다.

어두운 면은 결코 사라지지 않는다.
언젠가는 당신의 일부라는 걸 알게 된다.
그 문젯거리를 껴안고 영원히
살아갈 수 없다는 것도 깨닫게 된다.
그 문젯거리를 관찰해서 받아들이고
인정하며 이해하는 과정을 거쳐야 비로소
어두운 면을 치유하고 떨쳐낼 수 있다.

60

내면의 힘을 발견하는 돌파구

의식에 눈을 뜨는 중요한 돌파
구 중 하나는 힘이 자신의 내면에 있다는 깨달음이다. 힘이
외부에 있다는 순진한 믿음, 즉 당신은 **외부의 힘에 짓눌린
피해자라는 잘못된 믿음에서 벗어날 때 힘이 자신의 내면에
있다는 것을 진정으로 깨닫게 된다. 이런 깨달음이 있을 때,
자신의 삶을 남의 탓으로 돌리지 않고 자신의 책임으로 껴안
는 커다란 변화가 일어난다.**

이런 변화가 일어나면, 당신은 결코 과거의 세계관이나
인생관으로 돌아가지 않는다. 남을 탓하고 자신을 피해자
로 포장하는 잘못을 더 이상 범하지도 않는다. 정말 반가운
소식이 아닌가! 이 순간부터 당신의 삶은 전적으로 당신의
생각에 따라 결정된다는 뜻이기 때문이다. 당신이 원하면
언제라도 상황을 바꿔놓을 수 있다는 뜻이기도 하다. 모든
것이 당신의 손 안에 있다는 뜻이다. 원인과 결과가 내적인
현상이란 걸 깨달았다는 뜻이다. 이런 깨달음이 커지면, 자
유를 향한 열쇠가 무엇인지 이해하게 된다. 요컨대 우리에
게 자유의 문을 열어주는 열쇠는 우리 안에 있다!

이런 깨달음은 박수를 받아 마땅하다. 상황이 암울하기
그지없어도 진실한 상황을 알아낼 수 있느냐 없느냐는 결
국 우리 손에 달렸기 때문이다. 물론 의식에 눈을 뜨는 깨달
음은 하루아침에 완성되는 게 아니라 상당한 시간이 걸리는

과정이기 때문에, 때로는 상황이 더욱더 나빠질 수 있다. 많은 사람에게 쉽지 않은 일이며, 때때로 모든 것이 순식간에 원점으로 돌아간다. 게다가 우리의 성취도는 학습곡선을 따르기 때문에 때로는 명확하게 깨달은 것 같지만 때로는 아무것도 얻은 게 없는 듯한 기분에 사로잡힌다. 한마디로 뭔가를 배우려면 일반적으로 상당한 시간이 걸린다.

하지만 힘이 자신의 내면에 있다는 깨달음 자체, 즉 새로운 돌파구는 결코 사라지지 않는다. 또한 힘이 당신의 내면에 있다는 걸 당신이 깨달았다는 것만으로도 좋은 소식이고 정말 반가운 소식이다. 지금까지 외부에만 있다고 잘못 알고 있던 힘을 되찾았고, 당신의 내면에 감추어진 그런 힘을 실제로 느꼈다면 그것만으로도 얼마나 좋은 소식인가. 할렐루야!

우리에게 자유의 문을
열어주는 열쇠는
우리 안에 있다!

61

자연치유력을 가진 몸에
감사하기

우리는 몸에 집착하는 문화에
살고 있다. 거의 모두가 몸에 광적으로 집착하며 몸과 자신
을 동일시하는 사회다. 하느님, 뭔가가 잘못되는 걸 막아주
십시오. 하느님, 우리가 병들지 않게 해주십시오. 하느님,
그런 일이 닥치지 않게 해주십시오…. 거의 모두가 머릿속
으로 이렇게 기도한다.

때때로 우리 몸이 병들고 아프다는 건 현실이다. 또 통증
에 시달리기도 한다. 몸을 가진 탓에 피할 수 없는 운명이
다. 하지만 대부분의 경우, 생각보다 절반만큼도 나쁘지 않
다. 안타깝게도 **통증과 아픔이 있을 때 우리는 뭔가가 잘못된
것이라 생각하고, 우리 몸에 심각하게 잘못된 것이 있는 게
틀림없다고 생각한다. 따라서 두려워하고 긴장한다. 긴장하
고 두려워하면, 우리 몸이 균형을 되찾고 스스로 치유하는 자
연스런 작업을 해내기가 더욱 힘들어진다. 이런 현상이 안타
까운 이유는, 우리 몸이 스스로 치유하도록 설계되어 있기 때
문이다. 우리 몸에서 자연치유는 자연스럽고 당연한 것이다.**
우리 몸은 원래 그런 식으로 만들어졌다. 따라서 우리가 방
해하지만 않으면 우리 몸은 훨씬 쉽게 이 놀라운 작업을 해
낸다. '방해하지 않는다'라는 말은 통증이 있을 때마다 '비
극적인' 생각에 사로잡히지 않는다는 뜻이다.

비극적인 생각을 할 때마다 우리는 몸에서 '투쟁 또는 도

피'라는 메커니즘을 자극한다. '투쟁 또는 도피'라는 메커니즘이 작동할 때 우리 몸이 자동으로 분비하는 아드레날린과 여러 호르몬은, 여러 연구에서 면역체계를 강화하고 치유력을 향상시키는 것으로 입증된 긴장완화와 신뢰 및 사랑의 호르몬, 엔도르핀의 효력을 약화시킨다.

그럼 어떻게 해야 할까?

'투쟁 또는 도피'라는 메커니즘의 작동 원리를 이해하면, 우리 몸의 자연치유력을 방해하지 않고 어떤 상황에서나 적극적으로 지원하는 방법을 여러모로 고안할 수 있다. 예컨대 다음과 같이 우리 자신에게 속삭이는 방법이다.

무엇도 생각만큼 나쁘지 않다.
이것도 곧 지나가겠지.
우리 몸은 놀라운 자연치유력을 지닌 유기체다.
우리 몸은 무엇을 해야 하는지 정확히 알고 있다.
우리 몸은 항상 균형 상태를 되찾는다. 균형의 회복은
우리 몸의 역할이고 본능적인 충동이고 성향이다.
때로는 기분이 좋고 때로는 기분이 좋지 않다.
이처럼 기분은 항상 변하지만, 내가 모든 일을 멈추고
주변을 둘러보며 나는 여전히 이 자리에 있다는 걸
새삼스레 확인하게 된다.

지금 몸이 불편하지만, 나는 이 상황을 그대로 받아들이며
내 몸이 놀라운 자연치유력을 발휘할 기회를 허용할 것이다.
항상 그랬듯이 내 몸은 틀림없이 더 나아질 것이다.
치유는 자연스럽게 이루어진다.

몸과 관련해서 우리가 자신과 건전하게 주고받을 만한
대화가 아닌가. 이런 맥락에서 몸에게 감사하고, 몸의 작고
사소한 통증에 신경 쓰는 대신에 몸이 우리를 위해 해내는
놀라운 일들을 하나씩 되새겨보는 것도 상당한 효과를 기
대할 수 있는 훈련법이다. '나는 다음과 같은 이유에서 몸에
감사한다!'라고 말해보라.

나는 걸을 수 있다.
나는 말할 수 있다.
나는 볼 수 있다.
나는 들을 수 있다.
나는 호흡할 수 있다.
나는 자전거를 탈 수 있다.
나만의 컴퓨터가 있다.
내게는 그럴 듯한 일자리가 있다.
나는 달릴 수 있고 춤을 출 수 있다.

나는 숲을 산책할 수 있다.

나는 영화관에 갈 수 있다.

나는 텔레비전을 볼 수 있다.

나는 언제라도 먹고 마실 수 있다.

나는 사랑을 나눌 수 있다.

나는 편안하게 잠을 잘 수 있다.

일단 이런 식으로 시작하면 감사의 목록이 얼마든지 길
어진다. 우리가 선물받은 몸이 경이로운 유기체라는 걸 알
게 되면 몸의 기분이 항상 더 나아진다.

몸이 우리를 위해 끊임없이 행하는 좋은 점에 관심을 가
질 때, 우리는 정신의 힘을 현명하게 사용할 수 있다. 우리가
관심을 쏟으면 내면에서 차지하는 부분이 더욱더 커지기 때
문이다. 따라서 우리는 강점과 건강에 관심을 쏟을수록 더
욱 강해지고 건강해진다. 이 말은 단순히 희망사항에 불과
한 것만이 아니다. 많은 연구에서 증명되었듯이, 우리가 머
릿속으로 생각하는 것은 몸으로 드러나는 경향을 띤다. 이
메커니즘에 대해서, 또 관심이 어떻게 우리 건강에 영향을
미치느냐에 대해서는 내가 쓴《행복은 깨어 있는 사람에게
허락된다》와《힘들고 지칠 때 유쾌하게 힘을 얻는 법》을 참
조하기 바란다.

일반적으로 몸에 대한 우리 생각을 면밀히 조사해보면 대부분의 생각이 잘못된 것이란 걸 확인하게 된다. 이런 결과는 상당히 놀랍다. 몸이 어떤 것이고 어떻게 기능하는지, 즉 몸에 대한 현실을 어디에서나 쉽게 확인할 수 있기 때문이다. 요컨대 우리가 무척 건강하고 적절하게 먹고 운동까지 열심히 하더라도 몸은 영원히 지속될 수 없다는 게 현실이다. 어느 시점에서 몸은 기능을 멈추고 죽음을 맞는다. 이것이 몸의 속성이며, 우리가 살아가는 현실이다.

그렇다, 몸이 태어났다 사라진다는 현실을 부인할 수는 없다.

우리는 몸이란 형체를 얻어 태어나고 한동안 건강하게 지내지만, 나이가 들면 몸의 기능이 멈추고 죽음을 맞는다는 현실을 넘어설 수는 없다. 우리 모두의 몸이 맞는 숙명이다. 그런데 흥미롭게도 우리 대부분은 이런 현실을 부인하며 살아간다. 우리 사회에서 우리는 몸의 진정한 속성에 대해 거의 말하지 않고, 몸은 결국 소멸된다는 현실을 쉽게 인정하지 않으려고 한다. 따라서 우리 몸에서 어딘가가 '잘못'되면 대부분 충격으로 받아들인다.

그럼, 우리 몸의 속성에 대하여 자신과의 건전한 대화는 어떤 모습이어야 할까? 먼저 우리 몸의 진정한 속성을 깨달아야 한다. 요컨대 우리 몸은 태어났다가 소멸되는 것이란 현실을 인정하고 이에 대해 생각하는 것부터 시작해야 한다. 생성소멸은 물리적인 몸의 속성이기 때문에 여기에 우리는 어떤 변화도 가할 수 없다는 걸 깨달아야 한다. 한마디로 몸에 대한 진실을 '직시'해야 한다. 이 현실을 인정하고 깨달아야 우리와 몸을 동일시하는 건 바람직한 생각이 아니라는 걸 깨닫게 될 것이다. 달리 말하면, 몸에 지나치게 집착하는 삶은 건전하고 건강한 삶의 방식이 아니다(물론 우리 사회에서는 거의 모두가 몸을 지나치게 강조하기 때문에 이런 충고를 곧이곧대로 받아들이기 무척 힘들 수 있다). 그렇다고 내 말을 오해하지 않기를 바란다. 건강하게 식사하고 운동하지 말라는 뜻은 아니다. 우리 몸을 돌보고 건전하고 건강한 삶을 살기 위한 노력을 하지 말라는 뜻은 더더욱 아니다. 당연히 그런 노력을 해야 한다! 다만 우리가 자신을 몸과 철저하게 동일시하면, 예컨대 몸에서 어딘가가 잘못되거나 나이가 들어 과거처럼 활동적으로 돌아다닐 수 없게 되었을 때 고통스런 충격으로 와 닿을 수 있다.

이런 문제는 "우리는 실제로 누구인가?", "우리의 진정한 본성이 무엇인가?"라는 쟁점으로 발전할 수 있다. 이런 의문을 품지 않고는 몸의 생성소멸이란 문제를 극복하기 힘들다. 물론 당신은 곧 당신의 몸이지 다른 어떤 것도 아니라고 생각한다면, 몸이 사라질 때 당신도 사라질 수밖에 없다. 이렇게 생각하면 온몸이 오싹해지고 울적해진다. 따라서 이렇게 묻는 편이 낫지 않겠는가? 나는 한낱 몸뚱이에 불과한 존재일까, 아니면 그 이상의 존재일까? 나는 정말 어떤 존재일까? 나의 진정한 속성은 무엇일까? 정신과 의식이란 무엇일까? 우리 몸에서 이른바 비물리적이고 비물질적인 부분을 뜻하는 것일까? 지혜와 지능과 기지라는 것은 무엇일까? 너그러움과 친절과 이해심은 또 무엇일까? 재치와 창의성은 무엇일까? 가족과 동료와 친구를 향해 느끼는 사랑과 넉넉한 마음은 어떻게 설명해야 할까? 마음에서 우러나는 선의, 내가 발산하는 에너지, 또 우리에게서 발산되며 다른 사람들을 끌어당기는 영기(靈氣)는 무엇일까? 이런 특징들이 합해진 존재가 바로 나일까? 내 몸은 이런 것들을 운반하는 도구에 불과하다고 말하는 게 더 정확하지 않을까? 이런 비물리적이고 비물질적인 부분들을 운반하는 경이로운 도구라고나 할까? 내가 세상을 떠난 후, 요컨대 내 몸이 사라진 후에 사람들이 기억하는 것은 근육이나 가슴의 크기가 아니라 이런 비물리적이고 비물질적인 부분이 아닐까?

따라서 당신이 당신의 몸을 걱정한다는 것은 당신의 진정한 속성에 대해 아주 작은 의문을 품은 것이라 말해주고 싶다. 당신을 지금의 존재로 만든 것이 무엇일까? 삶을 사는 과정에서 우리는 결국 이런 의문에 맞닥뜨리는 지경에 이르기 마련이다.

내 경험에 따르면, **"나에게 몸이 있지만 내가 몸은 아니다!"**라고 말하는 것만으로도 도움이 된다. 이런 인식 자체도 몸에 대해 한층 성숙하고 여유로운 태도다. 따라서 나는 "우리에게는 모두 몸이 있다. 하지만 몸이 우리 자신은 아니라는 걸 나는 알고 있다. 우리는 몸을 초월한 존재다."라고 마음속으로 혼잣말한다. 이렇게 생각할 때, 몸이 행하는 모든 것에 균형 잡힌 자세로 접근하는 방법을 찾아내기가 한결 쉬워진다. 또한 당신이란 존재에서 비물리적인 부분을 모두 찾아내서 집중적으로 살펴보면, 그 부분이 당신이란 존재에서 더 큰 몫을 차지한다는 걸 알게 될 것이다. 그 부분은 당신을 비롯해 모두가 진정으로 소중하게 생각하는 당신의 일부며, 당신 몸의 상태, 예컨대 연령이나 건강 상태에 따라 가치가 달라지는 것도 아니다. 모순되게 들리겠지만, 당신 몸이 균형 상태에서 벗어나더라도 당신의 전반적인 장점에 집중하면 전체적인 시스템이 진정되며 치유되는 효과를 거둘 수 있다.

몸만이 아니라 이 책에서 언급된 모든 것에 대한 자기와의 건전한 대화는 물리적인 몸의 긴장을 완화하는 효과, 또 몸을 치유하는 긍정적인 효과를 발휘한다. 그 이유가 무엇일까? 자신과의 건전한 대화와 대립되는 것들, 예컨대 비극적인 생각, 흑백론적 사고, 섣부른 일반화, 남의 일에 대한 참견, 무엇이 최선인지 알고 있다고 생각하며 판단하고 심판하는 태도, 현실 부정 등은 심리적으로 우리에게 많은 스트레스를 주는 생활 방식이기 때문이다. 심리적으로 스트레스를 주는 것은 몸에도 스트레스를 주기 때문에 건강에 해로울 수밖에 없다. 따라서 지금부터라도 건강을 개선하고 싶다면, 다른 사람의 힘을 빌리지 않고 우리가 각자 혼자 해낼 수 있는 자신과의 건전한 대화를 시도해야 한다.

62

사랑은 온유한 것

내가 가장 즐겨하는 명상법을 소개한다. 인간관계와 건강 또는 금전 등 어떤 종류의 문제라도 가장 효과적으로 치유할 수 있는 방법은 사랑에 대해 명상하고 묵상하는 것이다. 사랑에 대한 명상은 이 땅에서 살아 있다는 행복을 만끽할 수 있는 최고의 지름길이기도 하다.

다음과 같은 방법으로 명상해보라.

15~20분을 할애해서 사랑에 대해 생각하고 묵상하기로 결심한다. 혼자만 있을 수 있는 조용한 공간을 찾아가 잠시 동안 긴장을 푼다. 두 눈을 감고, 다음과 같은 생각들을 마음속으로 차근차근 생각해본다. 예컨대 사랑이란 무엇인가, 사랑은 무엇을 뜻하는가, 사랑한다는 것은 무엇을 한다는 것인가, 사랑은 어떻게 느껴지는가, 사랑은 어디에서부터 시작되는가, 사랑은 무엇에 비유할 수 있을까, 사랑은 어떻게 행동하는가, 사랑은 왜 존재하는가 등에 대해 묵상하고 명상한다.

사랑에 대해 깊고 심원하게 묵상하면, 위대한 스승들이 사랑에 대해 남긴 생각들을 읽고 이해하는 데도 도움이 된다. 사랑에 대한 위대한 스승들의 생각과 가르침은 우리에게 사랑의 기적을 깊이 깨닫게 해주는 이정표와 같다. 예컨대 고린도전서 13장은 '사랑의 온유함'이란 명상을 시작하기에 안성맞춤인 말씀이다.

"사랑은 오래 참고 사랑은 온유하며 시기하지 아니하며
사랑은 자랑하지 아니하며 교만하지 아니하며 무례히 행
하지 아니하며 자기의 유익을 구하지 아니하며 성내지
아니하며 악한 것을 생각하지 아니하며 불의를 기뻐하지
아니하며 진리와 함께 기뻐하고 모든 것을 참으며 모든
것을 믿으며 모든 것을 바라며 모든 것을 견디느니라. 사
랑은 언제까지나 떨어지지 아니하되…."

또 연민에 대한 달라이 라마의 지혜로운 가르침 등 우리
를 사랑의 에너지장에 연결시키는 데 도움이 되는 글들을
읽어보라.

사랑의 강렬한 힘이 밀려오고, 사랑의 마법 같은 힘이 온
몸에 스며드는 느낌이면, 치유력을 지닌 향유처럼 그 에너
지를 삶의 영역에 적용하며 명상을 중단한다. 예컨대 사랑
이란 에너지가 사랑하는 사람과 가까운 친척이나 친구에게
내려가 그들을 따뜻하게 어루만지게 해보라. 그 신성한 에
너지가 어떻게 온갖 골칫거리를 달래고 치유하며, 실망과
낙담을 씻어내는지 눈여겨보라. 사랑의 에너지를 친구와
직장 동료에게, 먼 친척과 동업자에게, 또 세상의 분쟁 지역

에 있는 누군가에게 보내라. 사랑의 에너지를 누군가에게 보낼 때마다 당신은 사랑의 기적이 유연제처럼 기능하며 분노와 절망, 고집 세고 비난하는 마음을 곧바로 녹인다는 걸 온몸으로 느끼게 될 것이다. 사랑의 에너지는 어떤 상황에서나 온유한 감정을 전달하며 새로운 희망을 샘솟게 한다. 사랑은 온유한 것이기 때문이다.

기회가 닿을 때마다 '사랑은 온유한 것'이란 가르침이 무엇을 뜻하는지 묵상하며, 이 향기로운 에너지가 우리 삶의 모든 분야에 골고루 스며들게 해보라. 이보다 더 효과적인 마음의 치유제는 없다. 마음만이 아니라 육체적인 몸의 경우에도 마찬가지다. 고통과 통증이 있는 신체 부위에 온유한 사랑의 에너지를 보내고, 사랑의 온유함이 그곳에서 치유력을 마음껏 발휘하게 해보라. **사랑의 심원함과 경이로움을 규칙적으로 묵상하면, 사랑의 경이로움을 끝없이 경험할 수 있을 것이다. 사랑은 진정으로 온유한 것이기 때문이다.**

사랑의 축복은 이런 것이다.

63

여기와 저기,
내부와 외부

당신에게 닥친 문제나 골칫거리가 무엇이든 간에 끊임없이 되풀이되며 당신을 괴롭혔던 경험이 있는가? 그 문제를 해결하기 위해 배워야 할 것을 배울 때까지 지겹도록 반복되지 않았던가? **해결책이 '여기, 내부'에 있음에도 우리는 해결책을 '저기, 외부'에서 찾는 경우가 많기 때문이다.**

삶은 우리에게 필요한 것을 항상 정확히 가져다주는 듯하다. 어떤 식으로든 우리에게 선택권은 없는 듯하다. 삶은 그저 우리에게 쉬지 않고 다가온다.

지금 당신이 한계를 설정하고 반박하기도 힘든 시간을 보내고 있다고 생각해보자. 그런데도 삶은 똑같은 유형의 상황을 우리에게 강요하며 되풀이된다. 우리가 그 상황을 파악하고 이해할 때까지 지겹도록 반복된다. 적어도 내 경험으로는 그렇다. 당신이 그 상황을 파악하면, 삶은 당신이 새롭게 이해하고 얻은 지혜를 적용할 적잖은 기회도 제공한다.

지금부터라도 주변 상황을 관찰해보라. 배우자나 동업자, 어머니나 딸 등 누군가로부터 당신에게 똑같은 뭔가가 반복해서 전해진다는 걸 확인할 수 있을 것이다. 틀림없이 있다! 반복해서 당신에게 전해지는 것이 있다. 그것이 무엇인지 알아내고, 그것이 당신을 위한 것이란 것도 알아낸다면 흥미롭지 않겠는가!

삶의 균형을 망치는 말들

행복한 삶을 살고 싶다면, 당신이 언제 흑백론적 사고에 빠져드는지 파악해두는 것도 크게 도움이 된다.

흑백론적 사고라는 것이 무엇일까?

흑백론적 사고는 지금 눈앞에서 진행되는 사건을 일반화하고 최악의 상황을 상상하는 경우를 가리킨다. 따라서 흑백론적 사고는 모든 것을 극단화하는 경향이 있다.

'항상', '결코' 같은 단어를 자주 사용하면 흑백론적 사고에 매몰된 증거라 할 수 있다. 또 섣부른 일반화를 일삼거나, '누구나' 또는 '모두' 등과 같은 단어를 사용하는 경우도 마찬가지다.

달리 말하면, 흑백론적 사고는 현실과 아무런 관계가 없다. 현실 세계는 '항상'이나 '결코'라는 부사가 적용되는 사례가 없기 때문이다. 머리부터 발끝까지 완벽한 상태나 철저하게 실패한 상태는 존재하지 않기 때문이다. 현실은 중간, 즉 회색이다.

요컨대 흑백론적 사고에 매몰된 사람은 다음과 같은 표현을 자주 사용한다.

'항상', '결코' 또는 '절대'

난 '항상' 일을 엉망으로 만들어.

나는 '결코' 상대를 제대로 이해시키지 못할 거야.

그는 '항상' 늦어!

그들은 '절대' 나를 인정하지 않을 거야.

그녀는 '결코' 이해하지 못할 거야.

'누구나', '모두' 또는 '누구도'

누구나 그것을 할 수 있어.

모두가 그게 틀렸다고 생각해.

누구도 나를 배려하지 않아.

누구도 나를 좋아하지 않아.

누구도 이해하지 못할 거야.

'완전히', '철저하게'

그것은 완전히 틀렸어.

나는 완전한 실패자야.

위와 같은 표현은 지나치게 극단적이고 비현실적이기 때문에, 한마디로 지나치게 박정하기 때문에 현실과 아무런 관계도 없다.

당신이 심리적으로 성숙해지면 한층 현실적인 관점에서 세상을 관찰하기 시작하고, 자신과 다른 사람 및 삶에 대한 극단적이고 비현실적인 기대치가 줄어든다. 따라서 **삶을 느긋하고 여유롭게 대하는 사람들은 흑백론적 사고에 쉽게 매몰되지 않는다. 그들은 모든 것이 변한다는 걸 인정하며 삶의 성패에도 크게 흔들리지 않는다. 또한 세상사가 때로는 그들이 원하는 방향대로 흘러가지만 그렇지 않은 경우도 많다는 걸 인정하고 받아들인다.** 요컨대 그들은 긍정적인 면에서나 부정적인 면에서 극단에 치우치지 않고, 중도(中道)를 고수할 때 삶이 한층 여유롭고 만족스럽게 진행된다는 걸 알고 있다.

자기계발에 대한 강박

"지금의 나와 다른 내가 되어야 한다!"라고 말할 때마다, 당신은 당신이 아니어야 한다고 말하는 셈이다. 이런 강박관념이 결국에는 스트레스와 불안, 더 나아가 자존감의 추락으로 이어진다.

자신을 더 세심하게 배려하고 돌보는 방법을 배우면, 더 이상 자신을 비하하지 않고 자신을 부끄럽게 생각하거나 자책하지 않는다. 그렇다고 자기계발이 헛일이란 뜻은 아니다. 물론 자기계발을 통해 더 나은 '나'를 목표로 할 수 있다. **건강한 자기계발은 '내가 누구고, 내가 발전의 단계에서 어디쯤에 있는지'에 대한 건강하고 현실적인 평가로 시작되어야 한다. 무자비한 비판으로 시작되어서는 안 된다.** 그러기 위해서는 자신의 강점과 약점에 대한 정확한 평가가 선행되어야 한다. 성숙한 사람은 자신을 현실적으로 냉철하게 분석하며 "그래, 이 부분을 조금 더 향상시킬 수 있을 거야.", "노력하면 이 부분을 개선할 수 있을 것 같군.", "좋은 아이디어인 것 같아. 나한테도 도움이 될 것 같고. 그 방법을 시도해보고 효과가 있는지 확인해봐야겠어."라는 식으로 말할 것이다.

"지금의 나와 다른 내가 되어야 한다!"라고 말하는 것과는 완전히 다르다. 누구나 개선될 수 있다는 깨달음, 성장과 학습은 건전하고 유익하며 균형 잡힌 방향으로 꾸준히 진행되는 과정이어야 한다는 깨달음이 뒤따라야 한다.

인생 최악의 문제로

삶은 완벽해진다

당신의 삶이 당신에게 완벽한 환경이라면 어떻게 될까? 구체적으로 말해서, 당신이 맞닥뜨리는 문제와 어려움, 고통과 통증을 비롯해 모든 것이 더 높은 단계로 성장하는 데 필요한 것과 정확히 일치한다면 어떻게 될까? 당신이 '문제'라고 인식하는 것, 즉 당신이 꿈꾸는 행복한 삶을 사는 데 방해가 된다고 생각되는 골칫거리가 오히려 당신에게 성장할 기회를 주기 위해 존재하는 것이라면 어떻게 될까? 정말 흥미로운 생각이지 않은가?

지금 당신에게 닥친 최악의 문제를 생각해보라. 병에 걸리거나 신체적 장애가 생긴 경우, 또는 사랑하는 사람이 떠났거나 돈이 바닥난 경우 등 어떤 문제라도 상관없다. 그런데 이런 문제가 닥쳤기 때문에 당신의 삶이 더 나아진 이유가 무엇인지 생각해보라. 생뚱맞게 들리겠지만, 지금 당신에게 닥친 문제 때문에 당신의 삶이 더 나아진 이유를 찾아보라. 정직하게 최소한 세 가지 이유를 찾아보라. 정직하게 대답해야 한다. 어떤 이유가 생각나는가? 당신 삶이 더 나아진 세 가지 이유를 찾아낼 수 있으면, 다섯 가지, 심지어 열 가지도 분명히 찾아낼 수 있을 것이다. 최대한 많은 이유를 찾아낼 때까지 포기하지 말고 계속해보라.

누구나 최선의 이유들을 찾아내기 때문에 정말 신나고 흥미진진한 자아 발견을 위한 훈련이다.

67

삶은 누구에게나
선물과도 같은 것

우리는 모두 '완벽한 사랑을 베푸는 존재', 즉 결코 우리를 버리지 않고 언제나 우리를 지원해주는 존재를 학수고대한다. 언제라도 우리에게 필요한 것을 어김없이 나눠주는 존재를 추구한다. 완벽한 사랑을 베푸는 존재를 찾아낼 수만 있다면 우리가 다시는 외롭거나 불행하지 않을 거라고 확신하기 때문이다.

그런데 삶 자체가 우리를 완벽하게 사랑하는 존재라면 어떻게 될까? 이렇게 생각해보자. 항상 우리와 함께하는 것이 삶이다. 청년이든 노인이든, 뚱뚱하든 호리호리하든, 부자든 가난하든, 잘생겼든 못생겼든 건강하든 병들었든 간에 **삶 자체는 언제나 우리 곁에 있다. 삶은 누구에게나 하나밖에 허락되지 않은 것이지만, 누구에게나 허락된 것이다.** 우리가 아침에 눈을 뜨는 과정을 묵상해보는 것도 무척 흥미롭다. 매일 아침 잠에서 깨어나 눈을 뜰 때마다 삶이 당신을 위해 바로 옆에 존재하다고 생각해본 적이 있는가? **삶을 허락받을 만한 행위를 하지 않았어도 삶은 이튿날 아침 어김없이 다시 허락된다. 착하게 행동할 필요도 없었고, 영리하고 친절할 필요도 없었다. 호리호리한 몸을 유지하고 부유하고 잘생길 필요도 없었다. 그저 눈을 뜨면 삶이 옆에 있었다.**

나를 완벽하게 사랑하는 존재에게 내가 원하는 것은 삶이 나를 위해 존재하며 뭔가를 해주는 것이다. 구체적으로 말하면 다음과 같다.

삶은 항상 나를 지지한다.

삶은 항상 나를 위해 옆에 존재한다.

삶은 결코 나를 떠나거나 버리지 않는다.

삶은 나에게 모든 것을 베푼다.

삶은 결코 나를 지루하게 내버려두지 않는다.

삶은 항상 나를 즐겁게 해준다.

삶은 나의 모든 것을 포용한다.

삶은 나에게 어떤 대가도 바라지 않는다.

내가 어떤 짓을 하더라도 삶은 언제나 내 편이다.

내가 성공하든 않든 삶은 개의치 않는다.

내가 뚱뚱하든 호리호리하든, 내가 젊었든 늙었든,

내가 부유하든 가난하든, 내가 똑똑하든 멍청하든,

내가 건강하든 병들었든

삶은 신경 쓰지 않는다.

삶은 항상 내 곁에 존재할 뿐이다.

내가 어디에 가든 내 옆에 서서 나를 사랑하고 지원하며

나에게 사랑의 은총을 아낌없이 나눠준다.

삶은 누구에게나 하나밖에
허락되지 않은 것이지만,
누구에게나 허락된 것이다.

무엇이 나를 진정으로
행복하게 해줄 수 있는가?

내가 지금까지 찾아낸 결론에 따르면, 행복은 화평하게 즐기는 마음이다. 현재에 충실하며 지금 이 순간에 저항하지 않는 마음이 바로 행복이다. 또 어떤 것은 어떠해야 한다는 당위성으로 이야기를 꾸미지 않을 때 마음의 평화가 찾아온다. 현재 존재하는 것을 그대로 받아들이며, 사물이 존재하는 방법과 인간이 행동하는 태도를 너그럽게 인정하는 마음에 행복이 있다. 이렇게 할 때 우리는 현재의 순간과 더 이상 다투지 않고, 깨어 있는 마음으로 현실을 직시하며 지금 이 순간에 진행되는 사건을 해결할 수 있다. 이렇게 할 때 마음이 편안해지며, 우리의 진정한 본성이라 할 수 있는 '무한한 존재'에게 순응하는 여유를 되찾게 된다.

성숙한 어른으로
살아가는 지혜

이 책은 심리적으로 성숙한 성인으로 성장하는 데 필요한 지혜를 다룬 책이다. 이 책에서 다룬 이야기들을 하나씩 살펴보며 거기에서 얻은 지혜를 당신의 삶에 적용하기 시작하면 심리적으로 한층 성숙해지고 남다른 분별력을 갖추게 될 것이다. 대부분의 사람이 심리적으로 미성숙한 상태이기 때문에 몸뚱이만 어른이지 실제로는 천방지축으로 뛰어다니는 네 살배기 어린아이와 다를 바가 없다. 주변 사람들을 비판하려고 이렇게 말하는 게 아니다. 오히려 현실을 정확히 지적한 말이다. 분명히 말하지만, 심리적 성숙은 연령과 아무런 관계가 없다. 실제로 우리 대부분은 심리적으로 미성숙한 존재여서 많은 문제에서 균형을 상실하고 혼란에 빠진다. 이런 이유에서 우리는 삶을 까다롭게 생각하며 행복한 삶을 살지 못하는 것이다.

심리적으로 성숙한 단계에 올라서면, 다시 말해서 성숙한 어른이 되면 인간 조건을 훨씬 현실적이고 냉정하게 평가하게 된다. 따라서 삶이 더 이상 힘겨운 투쟁의 장으로 여겨지지 않는다. 거듭 말하지만, 심리적으로 성숙해지면 삶이 한층 편안하고 흥미진진한 모험의 장으로 변하기 때문에 행복을 만끽하며 살아갈 수 있다.

심리적으로 성숙한 어른의 특징을 정리하면 대략 다음과 같다.

인간의 조건을 훨씬 현실적이고 냉정하게 평가한다.
삶이 누구에게나 힘들지만 흥미진진한
도전의 장이라고 생각한다.
자신을 포함해서 누구도 완벽하지 않다는 걸 깨닫는다.
'실수'는 인간 조건의 일부며, 우리가 새로운 것을
배워가는 과정이라 생각한다.
모든 것이 흑백, 이분법적으로 분할되는 것은
아니라는 걸 깨닫는다.
선불리 일반화하지 않는다.
최악의 상황을 상상하지 않는다.
자신을 비극의 여왕으로 생각하지 않는다.
삶 자체, 또 삶의 과정에서 부딪치는 어려움에
한층 느긋하게 대응한다.
가정에 근거해서 결정하고 행동하지 않고
먼저 현실 점검을 시도한다.
극단에 치우치지 않고 중도(中道)를 선호한다.
자신이나 다른 사람에게 무엇이 최선인지 모른다는 걸
알기 때문에, 선불리 판단하고 심판하지 않는다.
자신의 문제를 남의 탓으로 돌리지 않는다.
자신의 일에 스스로 책임진다.
자신을 현실적으로 관찰하며 자신의 강점과 약점을

냉정하게 평가한다.

'모르겠습니다', '죄송합니다'라고 말하지만

체면까지 버리지는 않는다.

건전한 자긍심을 지닌다.

좋은 일이 생기면 어김없이 감사한다.

언제나 행복하게 지낸다.

70

이제 나 자신을
다시 바라보라

당신에게는 당신답게 존재하고 살아갈 권리가 있다.

온갖 감정을 표현할 권리가 있다.

현실은 지금 눈앞에 있는 것이다.

현실과 우리 생각은 다른 것이다.

우리는 사건에 대한 우리의 해석을 경험할 뿐이다.

지금 이 순간에 저항하면 고통이 있을 뿐이다.

감정은 위험한 것이 아니다. 때로는 불쾌한 감정을 느끼겠지만 불쾌한 감정이라고 위험한 것은 아니다.

위기는 더 나은 방향으로 변하기 위한 시작이다.

옳고 그른 것은 누가 결정하는가?

모든 것에 의문을 품어라.

당신의 일에 집중하고 다른 사람의 일에는 참견하지 마라. 이렇게만 해도 마음이 크게 안정된다.

당신이 원하는 것이면 무엇이든 말하고 행동에 옮길 수 있다.

당신의 말과 행동에는 결과가 따르고, 누구나 그 결과에 책임져야 한다.

누구도 모든 것의 종말을 볼 수 없다.

다른 사람의 행복은 당신이 참견할 일이 아니다. 그들의 책임이다.

당신의 행복은 다른 사람에게 달린 것이 아니다. 당신의 책임이다.

　내면의 목소리를 좇아라. 내면의 목소리는 당신의 진심이 속삭이는 목소리다.

　당신을 돌보고 보살펴야 할 사람은 당신 자신이다. 항상 그렇다!

　이제 시작해보라!

이제 시작해보라!

하마터면
행복을 모르고
죽을 뻔했다

초판 1쇄 인쇄 2018년 11월 1일
초판 1쇄 발행 2018년 11월 7일

지은이 | 바바라 버거
옮긴이 | 강주헌
펴낸이 | 한순 이희섭
펴낸곳 | (주)도서출판 나무생각
편집 | 위정훈 조예은
책임편집 | 김승규
디자인 | 박민선
마케팅 | 이재석 한현정
출판등록 | 1999년 8월 19일 제1999-000112호
주소 | 서울특별시 마포구 월드컵로 70-4(서교동) 1F
전화 | 02)334-3339, 3308, 3361
팩스 | 02)334-3318
이메일 | tree3339@hanmail.net
홈페이지 | www.namubook.co.kr
트위터 ID | @namubook

ISBN 979-11-6218-042-6 03180

이 도서의 국립중앙도서관 출판예정도서목록(CIP)은 서지정보유통지원시스템 홈페이지
(http://seoji.nl.go.kr)와 국가자료공동목록시스템(http://www.nl.go.kr/kolisnet)에서
이용하실 수 있습니다.(CIP제어번호: CIP2018033084)